그림 쑤즈러우(苏徵楼)

취미는 고양이 괴롭히기, 고양이 그리기. 일러스트레이터, 게임 디자이너로 활동했다. 온종일 고양이와 어울리는 작가의 붓끝에서 탄생한 고양이들은 마치 살아있는 듯 생동감이 넘친다. 대표작으로는 『송나라에 간 고양이』, 『관푸고양이·너랑 명절을 보내고 싶어(觀復猫·我想跟你過個節)』가 있다.

번역 정주은

고려대학교 중문과와 이화여자대학교 통번역대학원 한중과를 졸업하였다. 여러 해 동안 철학, 문학, 사학, 육아, 자기계발, 아동문학 등 다양한 분야의 서적을 번역하였다. 현재 번역 에이전시 엔터스코리아에서 출판기획 및 중국어 전문 번역가로 활동하고 있다. 주요 역서로는 『실크로드:동서양을 가로지른 문명의 길』, 『정진』, 『제갈량의 지혜에서 배우다』, 『하루 30분 베이징대학교에서 인생철학을 배우다』, 『아동역사 시리즈 중국 편-삼국연의 1, 2, 3』 등 다수가 있다.

글 천문각천(天聞角川) 엮음

- **가루라화익** (伽樓羅火翼)
양저우(揚州)대학 문학원 부교수이자 문학박사. 주로 명청(明淸)시대 미학, 문학이론과 창작연구에 집중, 대표작으로 『연서기담(燃犀奇談)』 시리즈가 있다.

- **통제** (佟婕)
판타지 작가이자 미식 소재 소설을 잘 쓰는 작가로 대표작으로 『도철낭자(饕餮娘子)』, 『우문방전기 : 용안신부(禹門坊傳奇之龍眼新娘)』 등이 있다.

- **칠일명** (七日鳴)
폐가 탐험, 그림 그리기, 붓글씨 쓰기, 디자인, 여행 등 다양한 취미를 가지고 있다. 참신한 시선으로 따뜻한 글을 쓰는 작가. 주요 작품으로는 『망천당야화(忘川堂夜話)』, 『경칩이야기(驚蟄物語)』 등이 있다.

송나라에 간 고양이
畫猫·雅宋 고양이를 그리고 송나라에 물들다

초판 1쇄   2020년 10월 31일
그림   쑤즈러우(蘇徵楼)
글   천문각천(天聞角川) 엮음
번역   정주은
펴낸이   은보람
펴낸곳   도서출판 달과소
출판등록   2010년 6월 21일 제2010-000054호
주소   우) 04336 서울시 두텁바위로 101-1 (후암동) | 전화 02-752-1895 | 팩스 02-752-1896
전자우편   book@dalbooks.com / dalnso@daum.net   홈페이지 www.dalbooks.com
ISBN 978-89-91223-74-5 [04910]
세트 ISBN 978-89-91223-73-8 [04910]

*이 책은 달과소가 저작권자와의 계약에 따라 발행한 것이므로 무단 전재와 무단 복제를 금합니다.
*책 값은 뒤표지에 적혀 있습니다.
*잘못된 책은 구입하신 곳에서 바꾸어 드립니다.

이 도서의 국립중앙도서관 출판예정도서목록(CIP)은 서지정보유통지원시스템 홈페이지(http://seoji.nl.go.kr)와 국가자료종합목록 구축시스템(http://kolis-net.nl.go.kr)에서 이용하실 수 있습니다. (CIP제어번호 : CIP2020034104)

송나라에 간 고양이

画猫·雅宋 宋朝风情绘卷 by 天闻角川

Copyright © 2018 Guangzhou Tianwen Kadokawa Animation & Comics Co., Ltd.All rights reserved.
The Korean Language translation © 2020 DALGWASO Publishing
The Korean translation rights arranged with Guangzhou TianwenKadokawa Animation & Comics Co., Ltd.
through EntersKorea Co., Ltd., Seoul, Korea.

이 책의 한국어판 저작권은 ㈜엔터스코리아를 통한 중국의 Guangzhou TianwenKadokawa Animation & Comics Co., Ltd.와의 계약으로 도서출판 달과소가 소유합니다.
신 저작권법에 의하여 한국 내에서 보호를 받는 저작물이므로 무단전재와 무단복제를 금합니다.

송나라에 간 고양이

―畫猫·夢唐―고양이를 그리고 송나라에 물들다

쓰즈러우 그림 천문각각천 엮음 정주은 옮김

달과소

목차

송나라의 여인열전 ○○五

송나라의 기린아들 ○二九

송나라의 여가오락 ○五七

송나라의 이모저모 ○九三

송나라의 음식남녀 一一五

후기 고양이를 그리다 一三四

송나라의 여인열전

세월을 넘고 넘어

글. 칠일명 七日鳴

300년 가까운 역사를 자랑하는 당나라가 중국 역사상 가장 개방적이고 강대했던 왕조라면 300년이 넘는 세월 동안 존재한 송나라는 중국 역사상 가장 번영하고 고아했던 왕조였다.

당나라는 아름답고 화려한 것을 숭상했다. 그리하여 금은기가 많이 제작되었고 누금鏤金, 감옥嵌玉 기법을 활용한 지극히 호화로운 기물들이 만들어졌다. 차도 그냥 마시지 않고 호두며 잣, 아몬드 따위를 곁들여 마셨는데 이를 다탕茶湯이라고 불렀다. 맛도 좋아지고 재미도 더할 수 있으니 그야말로 일석이조였다. 다성茶聖 육우陸羽 이래로 옛사람들도 다과 없이 차만 마시는 정취를 알아가기 시작했다.

송나라 때에 이르러, 소박하고 청아한 풍조가 일기 시작하면서 맑게 우려낸 차를 마시는 사람들이 많아졌다. 자기도 간결하고 고상한 청자와 백자가 귀한 대접을 받았다. 황제는 일필휘지로 명을 내리길, '비가 그치고 맑게 갠 하늘에 구름이 갈라지는 사이로 드러난 색을 만들라'고 했다. 전해 내려오는 이야기 속 '비가 그치고 맑게 갠 하늘색'은 오늘날에 이르러서는 아름다운 심상을 대표하는 색이 되었다.

당나라가 아름다운 꿈같은 시대라면 송나라는 참으로 고아한 시대였다. 송나라인의 풍격은 아무리 세월이 흘러도 변함없이 회자되는 송사宋詞에, 오가는 사람들로 북적이는 떠들썩한 길거리에, 줄지어 늘어선 대저택 안에 고스란히 담겨있다.

송나라의 풍경은 〈청명상하도清明上河圖〉와 꼭 닮았다. 그림에 담긴 벽돌과 기와, 배와 노 사이마다 사람 사는 냄새가 물씬 풍기는 이 그림은 마치 금방이라도 종이 밖으로 튀어나올 것처럼 무척이나 생생하다.

변경汴京 거리에 자리한 먹거리를 파는 가게 식사食肆와 주루酒樓에서는 묵직한 순은 그릇을 사용했다. 화초 문양이 새겨진 은주전자에는 신선이 마신다는 선료仙醪, 옥액玉液, 경장瓊漿부터 황궁에서 흘러나온 소합향주蘇合香酒와 장미노주薔薇露酒까지, 이름난 술은 죄다 담겨 있었다. 송나라인의 술잔에 담긴 것은 온 하늘에 흩날리는 버들개지와 시름이요, 그 안에 흐르는 것은 야트막한 물줄기와 애정 어린 속삭임이었다.

사시사철, 정월부터 섣달까지 송나라인은 날이면 날마다 새로운 놀 거리를 찾아 즐겼다. 백화가 만발하는 봄은 말 타고 꽃놀이를 즐기기에 더할 나위 없이 좋은 때로 봄바람에 흔들리는 그네와 길가에서 벌어지는 각종 놀이판을 구경할 수 있었다. 여름에는 맑은 바람과 밝은 달을 벗 삼아 연꽃 향을 따라 호수

- 고아(高雅)하다 : 뜻이나 품격 따위가 높고 우아함.
- 누금(鏤金) : 금이나 금속에 무늬를 아로새기거나 금실 또는 작은 금 알갱이를 장신구 표면에 접착하는 기법.
- 감옥(嵌玉) : 금 위에 보석이나 옥 등을 부착하는 공예기법.
- 육우(陸羽) : 733-804년. 당나라 시대의 문인. 차의 개념과 역사, 차를 끓이는 방법, 다기, 다도, 차 문화에 이르기까지 차에 대한 모든 것을 집대성한《다경(茶經)》을 저술했다. 차의 성인이라는 의미로 '다성(茶聖)'이라 불린다.
- 풍격(風格) : 물질적, 정신적 창조물에서 보이는 고상하고 아름다운 면모나 모습.
- 송사(宋詞)·사(詞) : 중국 운문의 한 형식. 시형에 장단구가 섞여 장단구라고 하며, 본래 노래의 가사로 불리던 것이었으므로 곡자사(曲子詞)라고도 한다. 민간 가곡에서 발달하여 당나라 이후 오대(五代)를 거쳐 송나라에서 크게 성행하였기에 송사(宋詞)라고 불렸다. 주로 사랑이야기가 많았으나 시간이 흐를수록 서정적이고 개인적인 내용에서 벗어나 국가의 안위를 걱정하는 등 소재의 범위가 넓어졌다.
- 청명상하도(清明上河圖) : 중국 풍속화의 대표작이다. 북송(北宋)의 장택단(張擇端)이 1120년경 그린 풍속화로, 청명절을 맞이한 중국 북송의 수도 변경 내외의 풍속과 변화한 시가를 그렸다. 변경 시내, 배, 다리, 성문, 교외, 군중, 주점, 상점, 우마차 등을 사실적으로 묘사하였다. 이를 통해 당시의 생활상과 복식을 확인할 수 있고, 북송의 발달한 경제 상황과 수공업, 해상 무역 등을 미루어 짐작할 수 있다.
- 변경(汴京) : 북송(北宋)의 수도 개봉(開封)의 옛 이름.

위로 배를 띄워 여린 연꽃송이를 땄다. 가을이 되어 점포마다 새로 빚은 술을 내놓으면 끼리끼리 어울려 높은 곳에 올라 먼 곳을 바라보며 취할 때까지 술잔을 기울였다. 눈발이 휘날리는 겨울에는 바깥나들이가 어려우니 가까운 벗들과 붉게 달아오른 화롯불을 끼고 앉아 약주를 들며 역사를 논하고 눈을 감상하며 차를 마셨다.

북송에서 남송으로 바뀌고 흥성하던 왕조가 쇠망하면서 송나라의 번화한 모습은 연기처럼 사라지고 말았다. 서울은 변경에서 임안臨安으로 옮겨졌다. 그러나 북방의 풍광이든 안개비에 휩싸인 강남이든 곤궁한 와중에도 여전히 술을 마주하고 노래를 부르고 고달픔 속에서 즐거움을 찾으며 아름다운 풍경을 모두 술에 담는다고 읊었다.

송사의 지은이들은 조정에서부터 초야까지, 시끌벅적한 번화가부터 정적이 감도는 깊은 규방까지 널리 퍼져 있었다. 그중에는 기품 있는 문인도 있었고 거칠게 말을 달리는 사내, 규방 소녀도 있었다. 신분은 서로 달랐으나 그들에게는 한 가지 공통점이 있었으니, 바로 자신의 감정을 사詞로 표현하고자 하는 마음과 그럴 수 있는 자유가 있었다는 점이다. '큰 강물이 동으로 흘러 물결이 잦아든다'고 읊은 이부터 '버드나무 가지 흔들리는 언덕, 새벽바람이 불고 희미한 달빛이 걸려 있다'고 한 이, '소년은 인생의 수심을 모른다'고 한 이, '구름 속에서 누가 서신을 전해주려나. 기러기 떼 줄지어 돌아올 때 서쪽 누각에 달빛만 가득하구나'라고 한 이까지 그들은 자신의 감정을 고스란히 사에 담았다.

세월은 무정하니 누구도 세월의 흐름을 거스를 수 없다. 그러나 다행히 세월의 강줄기에 휩쓸리지 않고 온전한 형태로 남은 아름다운 것들이 낡은 종이무더기에 담겨 후대에 전해졌다. 그들의 삶에는 진실로 고아한 아름다움이 있었다. 천년의 세월이 흐른 지금, 우리는 그저 그 아름다움을 갈망할 밖에…….

만약 꿈에서라도 송나라에 가볼 수 있다면 진정으로 길가에 자리한 작은 가게에 앉아 큰 소리로 외쳐보고 싶다. "이보오! 여기 술 한 병하고 소고기 두 근 썰어 주시오!"

그리하여 술 석 잔에 고개를 넘을 수 없을 정도로 고주망태로 취하고 싶다.

술에 취해 은하수에 드러누우면 꿈속에서 세월이 얼마나 흐르든 알 게 뭐란 말인가!

송나라의 여인열전 — 글. 가루라화익 迦樓羅火翼

송나라를 빛낸 여성들

송나라도 성당盛唐 때처럼 '여풍당당'했을까? 답은 '아니올시다'일 것이다. 그러나 송사宋詞 이론과 창작에 한 획을 그은 이청조李淸照, 자신의 남편 한세충韓世忠과 함께 전장에 나서 직접 북을 두드리며 적과 싸운 양홍옥梁紅玉, 문무文武 분야에서 각기 여풍을 일으킨 두 사람만으로도 양송의 여성은 후세 앞에서 당당히 고개를 들어도 된다.

여기에서는 무는 빼고 문만 논할 터인데 이청조, 주숙진朱淑眞, 빼어난 글재주로 평생의 염원을 이룬 명기名妓 섭승경聶勝瓊과 엄예嚴蘂, 문단을 휘어잡은 재상 부인 위완魏玩, 심원沈園에서 육유陸游와 화답시를 나눈 그의 전처 당완唐琬, 마음을 시에 담은 모용암경慕容巖卿의 부인과 같은 사람을 말하고자 하는 것이 아니다. 송나라 때는 더할 나위 없이 평범한 규방 소녀도 그저 손 가는 대로 붓을 휘둘러 대담하고 열정적이면서도 함축적이고 완곡한 시사를 써낼 수 있었다.

유경幼卿의 이야기는 오늘날로 가져오면 곧바로 황금 시간대를 차지할 인기 드라마가 될 것이다. 송 휘종宋徽宗 선화宣和 연간, 어여쁘고 총명했던 그녀는 죽마고우인 사촌오라비와 함께 글을 익히고 학문을 닦으면서 시문으로 은밀히 정을 나누었다. 오래지 않아 사촌오라비는 유경의 부모에게 혼담을 꺼냈으나 뜻밖에도 벼슬길에 오르지 못했다는 이유로 거절당했고 유경의 양친은 그녀와 어느 무장의 혼약을 맺어버렸다. 그 후 사촌오라비는 이를 악물고 학문에 힘써 이듬해 과거에 급제해 부임지인 감숙甘肅 임담臨潭으로 떠났는데 유경 또한 섬서陝西의 군대를 통솔하는 남편을 따라 이곳에 오게 되면서 어긋난 인연의 두 사람은 예상치 못한 재회를 하게 되었다.

- 성당(盛唐) : 중국 당(唐)나라의 문학사를 초당(初唐), 성당(盛唐), 중당(中唐), 만당(晚唐) 네 단계로 나누어 사당(四唐)으로 구분한다. 그중 성당은 둘째 시기로 현종 2년(713년)에서 대종 때까지의 시기로 이백(李白), 두보(杜甫), 왕유(王維), 맹호연(孟浩然)과 같은 위대한 시인이 나왔다. 이 시기에 당나라의 시가 가장 융성하였다.

- 양송(兩宋) : 당나라 멸망 후 화북 지역에서는 5대 왕조가 지방에서는 10국이 생겨났다. 5대10국의 혼란스러운 시기 끝에 5대의 마지막 왕조인 후주의 무장 조광윤이 960년 변경(개봉)을 수도로 삼고 송나라를 건국하며 통일을 이뤄냈다. 문치주의로 무인 세력을 누르고, 중앙집권의 기틀을 확립하여 문화의 꽃을 피웠지만 여러 차례 이민족의 침입을 받아 나라가 휘청인다. 12세기 초 여진이 금을 세우고, 세력을 확장하면서 1127년 송나라의 수도 개봉이 함락되고 휘종, 흠종이 포로로 연행(정강의 변)되어 송나라는 사실상 국운을 다하게 된다. 건국 이후 9대 황제 흠종까지의 168년간을 북송(北宋, 960-1127년)이라 하고, 흠종의 동생 조구(훗날 고종)가 강남으로 남하하여 임안(항주)을 수도로 나라를 세우는데 이 시기부터를 남송(南宋, 1127-1276년)이라고 한다. 북송과 남송 양쪽을 아울러 '양송(兩宋)'이라 지칭한다.

- 선화(宣和) : 1119-1125년. 송나라의 제8대 황제인 휘종이 사용한 여섯 번째 연호

뜻밖의 만남에 놀란 마음을 진정시키기도 전에 사촌오라비는 말 한마디 없이 말을 달려 그 자리를 떠나면서 그녀에게는 눈길조차 주지 않았다. 이에 유경은 〈낭도사浪淘沙〉를 지었다. '예로부터 연꽃은 느지막이 핀 탓에 일찌감치 스쳐지나간 동풍東風을 저버렸으니'라는 구절에서 두 사람의 엇갈린 인연과 그로 말미암은 안타까운 심정이 여실히 드러난다.

미어지는 가슴을 붙잡고 실의에 빠졌던 유경에 비해 형주荊州 강정江亭의 기둥에 쓰인 〈청평악령淸平樂令〉을 지은 오성소용녀吳城小龍女에게서는 좀 더 신비감이 느껴진다. 작품 속에서 스스로 자신의 '집은 강서江西에 있다'고 밝힌 것을 빼면 사람들은 이 소녀에 대해 아는 바가 별로 없다. 그저 정처 없이 천하를 떠돌아다니는 신세라는 것만 알 뿐, 그녀가 고향을 등지게 된 까닭은 모른다.

그러나 결국 고향으로는 돌아가지 못했다. 이 사詞를 발견한 황정견黃庭堅은 그 심정이 자신과 비슷하나 정취는 여성스럽다며 아마도 귀신이 썼을 것이라고 추측했다. 아니나 다를까, 밤에 어떤 소녀가 꿈에 나와 말했다. "배를 타고 이곳에 이르렀다가 그만 물에 빠져 목숨을 잃고 말았습니다. 강가의 정자에 올랐다가 시흥이 일어 지어보았는데 공께서 알아보실 줄은 생각지도 못했습니다."

그래서 이 사의 풍격이 침울하고 처량했던 것이며 〈국풍國風〉과 〈이소離騷〉', '이백李白과 두보杜甫'에 필적하고 만당晩唐의 기품이 물씬 느껴졌던 것이다. '시구가 막 떠올랐을 때, 자욱한 운무 속으로 꺼져버렸다.' 수많은 말들이 입가에서만 맴돌았으나 사실 하고픈 말은 진즉에 다 했다.

그 당시, 고달프게 도처를 떠돌다가 길 위에서 죽어간 소녀들이 결코 적지 않았는데 그 원인 중 상당한 비중을 차지한 것이 바로 금나라의 남침이었다. 영종寧宗 가정嘉定 말년, 금나라 군사들은 회하淮河 강변에 살던 양가의 부녀자를 대거 붙잡아 북방으로 끌고 갔다.

그중 한 소녀가 떠나기에 앞서 사주泗州 객사客舍의 벽에 〈감자목란화減字木蘭花〉라는 글을 남겼는데 '운무에 감싸인 채 끝없이 이어진 산봉우리마다 한이 맺히고', '물안개 자욱한 기나긴 강줄기 따라 가없는 시름

- 강정(江亭) : 강가에 있는 정자.
- 국풍(國風)과 이소(離騷) : 《시경(詩經)》의 〈국풍(國風)〉과 《초사(楚辭)》의 〈이소(離騷)〉, 시가와 문장을 아울러 이르는 말이다. 《시경》은 중국 최초의 시가총집이자, 동아시아 시가문학의 원조이며, 그중에서도 〈국풍〉은 시경 중 민요에 해당되는 시가를 총칭한다. 고대 중국의 명시선집인 《초사》는 초나라의 굴원과 송옥의 작품을 비롯하여 한(漢)나라 때의 모방작들까지 포함하고 있는 책이다. 수록된 시편 중 하나인 〈이소〉는 서정적 장편 서사시로 초나라 굴원(屈原)이 조정에서 쫓겨난 후, 초나라 회왕에 대한 원망의 마음을 담아 지었다. 《시경》이 북방문학의 대표라면 《초사》는 남방 문학의 대표 격이다.
- 만당(晩唐) : 중국 문학사의 시대 구분에 따른 당나라 후기 시기를 말한다.
- 가정(嘉定) : 1208-1224년. 남송 영종의 연호.
- 객사(客舍) : 나그네가 머무르는 집.

송나라의 여인열전

글. 가루라화익 迦樓羅火翼

이 이어진다'는 구절에서는 글자마다 피눈물이 흐른다. 이제 길을 나서면 부모님은 물론이요, 피붙이들과 영영 이별해야 할 터이며 생사와 앞일을 예측할 수 없을 터인데 그 괴로운 심정을 어찌 말로 다 할 수 있으리오! 현재 이 옛 성은 이미 홍쩌호洪澤湖의 푸른 물결 아래 잠겼고 사를 지은 소녀는 이름조차 남기지 않았으나 끊임없이 이어지는 그녀의 한은 도무지 다할 날이 없다.

그녀와 같은 운명에 처한 여성 중에는 특별한 무리가 있었다. 바로 송나라 황실의 궁인들로 소의昭儀 왕청혜王淸惠, 궁녀 김덕숙金德淑, 금사琴師 원정진袁正眞 등이 대표적인 인물이다. 그중 어떤 이는 총애를 받던 후궁이었고 또 어떤 이는 존귀한 여성관리였으며 교방敎坊의 악인樂人이었던 자도 있었는데 모두 '태액太液'의 부용芙蓉처럼 아름답고도 귀한 이들이었다.

그러나 지원至元 13년(1276년), 원나라 군사들이 항주로 쳐들어와 남송이 완전히 무너졌을 때, 모조리 북방으로 끌려가게 되었다. 원정진과 김덕숙, 이 두 궁인이 지은 소령小令에는 망국을 기리는 정서가 가득하고 분위기가 무겁게 가라앉은 와중에 원망이 짙게 배어나 그냥 보아서는 이별의 슬픔과 그리움을 토로하는 듯하지만 실은 짧은 노래로 곡을 대신해 망한 나라와 가문을 애도하고 있다.

그중에서도 왕소의는 한때 '연꽃처럼 어여쁘고 발그레한 얼굴로 군왕 곁에 머무르고', '후궁들 사이에서도 난초처럼 향기로운 명성을 떨친' 이였는데 '산산이 무너진 산하를 마주한' 현실에 '조정이 무너지고 군신이 뿔뿔이 흩어졌으니, 나라가 망한 이 천추의 한을 누구에게 하소연할꼬?' 하며 망국의 설움을 탄식하는 데서 수줍음 많은 어린 소녀의 자태는 전혀 찾아볼 수 없다.

평범한 민가의 아녀자도 이러한 도량과 기백이 있었다는 사실이 참으로 놀랍고 대단하다.

악주岳州 서군보徐君寶의 아내는 무척 아름다운 여인이었는데 그녀를 붙잡은 원나라군의 장수는 북방으로 데려가는 내내 애지중지 귀애했다. 하지만 그녀는 눈 한번 깜짝하지 않았으며 도저히 도망칠 수 없음

- 금사(琴師) : 거문고나 가야금을 가르치는 선생이나 벼슬아치. 금을 키는 것을 업으로 삼는 사람.
- 교방(敎坊) : 중국의 당나라 고조가 처음 궁중에 설치한 기관으로 배우의 잡기(雜技)나 궁중에서 연회를 베풀 때 추는 춤과 노래, 음악을 배워 익히는 일을 주로 담당했다. 이후 교방은 송대(宋代)에 와서도 속악을 연주하는 핵심 기관이었다.
- 태액(太液)의 부용(芙蓉) : 한나라 건장궁 북쪽에 있던 연못이 굉장히 넓어 '태액(太液)'이라 불렀다. 당나라 때에도 대명궁 함량전 뒤쪽에 태액지라는 큰 연못이 있었으며 후대에는 관습적으로 궁궐의 못에 같은 이름을 붙였다. '태액의 부용'이라는 표현은 '당 현종과 양귀비의 비극적 사랑을 노래한 백거이의 장편 서사시 〈장한가(長恨歌)〉에 등장한다. 세상을 떠난 양 귀비를 그리워하는 당 현종의 애심이 드러나는 구절이다. '돌아와 보니 연못과 동산은 옛날과 같고 태액지의 연꽃과 미앙궁의 버들도 그대로구나. 연꽃은 얼굴 같고 버들은 눈썹 같으니 이를 보고 어찌 눈물 흘리지 않겠는가.'
- [역자 주] 소령(小令) : 사(詞) 형식 중에서 가장 짧은 것.

을 깨닫고는 곧 자진을 결심했다.

목숨을 끊기에 앞서 지은 〈만정방滿庭芳〉에서 맹세하길, 죽음을 앞두고 자신의 불행을 한탄하지는 않으나 그저 '삼백 년 양송의 모든 제도와 문물이 모조리 파괴되어 사라져버린' 사실이 가슴 아플 뿐이라고 했다. 그녀에게는 개인의 영욕과 생사보다 나라가 망하고 문화의 맥이 끊긴 사실이 훨씬 중했던 것이다.

확실히 송나라 때에는 소위 말하는 '여풍' 시대는 없었으나 한 시대의 풍격을 대표하기에 부족함이 없는 뛰어난 여성들은 존재했다.

천고에 빛나는 재녀 이청조

이 사람은 '부끄러워 도망치다가 문간에 기대어 돌아보니 상큼한 청매실 냄새가 난다'고 한 수줍음 많은 소녀이자, 남편이 그리워 '이 그리운 마음을 달랠 길이 없구나. 찌푸렸던 미간을 펴자마자 다시금 그리움이 치솟네' 하고 읊은 다정다감한 여인이면서, '천고의 명승 팔영루에 올라 멀리 내다보며 강산에 대한 근심은 후세에 맡긴다'고 노래한 호방한 여인이었다.

그녀는 바로 송나라의 여성 사인詞人 이청조李淸照로 호는 이안거사易安居士였고 **완약사파**婉約詞派의 대표적인 인물로 '천고제일재녀千古第一才女'라고 불렸으며 '사국詞國의 황후'로 칭송받았다. 이청조는 세월의 흐름과 더불어 한 발 한 발 성장해나갔다. 발랄하고 명랑한 소녀였던 그녀는 한 깊은 젊은 부인이 되었다가 세파에 시달린 끝에 만사에 초연해진 노부인이 되었다.

이청조는 명문 사대부가 출신으로 열여덟 살에 조명성趙明誠과 혼례를 치렀다. 혼인을 한 두 사람은 뜻이 잘 맞아 부부 사이의 금슬이 매우 좋았다.

훗날 청나라 때의 이름난 문인 납란용약納蘭容若은 이청조 부부의 서로에 대한 깊은 정에 감명을 받아 '술에 취해 설핏 잠이 드니 봄날의 아름다운 풍경이 펼쳐지네. 부부가 내기를 하니 옷자락에 차향이 가득하구나'라는 시구를 써 자신의 죽은 아내 노盧씨를 기렸는데 이 또한 후대의 입에 종종 오르내리는 명구가 되었다.

한번은 이런 일이 있었다. 중양절重陽節은 원래 친지들과 함께 높은 곳에 올라 술잔을 권하며 국화를 감상하는 날인데 이청조는 멀리 떠나있는 남편을 홀로 그리워하다가 지난날 두 사람이 **도서**를 하다가 차를 뿌리던 일을 떠올리고는 더욱 씁쓸한 마음을 가눌 길이 없어 〈취화음醉花陰〉을 지어 남편에게 보냈다.

옅은 안개 짙은 구름 온종일 시름겨운데
서뇌향瑞腦香 은 금수金獸 향로에서 스러지네.
어느덧 다시금 좋은 계절 찾아오니 또 중양절이어라.
옥베개 비단 휘장 안에 누우니 깊은 밤 서늘한 기운이 스미네.

동쪽 울타리 옆에서 해가 질 때까지 술잔을 기울이니
그윽한 국화 향기 두 소매 가득 흘러넘치네.
서글프지 않다 말하지 마오. 서풍이 발 말아 올리니
발 안에 자리한 이가 노란 국화보다도 파리하구나.

창밖으로 옅은 안개와 짙은 구름이 자욱한데 어두컴컴하고 희끄무레한 날씨에 수심을 가눌 길이 없어 그저 방 안 향로에서 피어오르는 가느다란 연기를 넋 놓고 볼밖에 다른 도리가 없다니 그 마음이 얼마나 헛헛했을까! 그렇게 땅거미가 질 무렵까지 참고 또 참다가 억지로 기운을 내고 '동쪽 울타리에서 술을 마시며' 국화를 감상하면서 마음속의 깊은 시름을 달래고자 했다. 그러나 뜰 안에 흐드러지게 핀 아름답기 그지없는 국화를 같이 감상할 사람이 없으니 수심만 더욱 깊어지고 말았다. '서글프지 않다 말하지 마오. 서풍이 발 말아 올리니, 발 안에 자리한 이가 노란 국화보다도 파리하구나.' 홀로 서풍을 마주하며 술잔을 기울이면서 국화를 감상하는 상황만으로도 가슴이 미어질 것만 같은데 그리움 때문에 국화보다 더 파리해진 가인은 더 말해 무엇하리!

- 완약사파(婉約詞派) : 중국 송대의 사(詞) 장르 안에서 이청조로 대표되는 부드러운 사풍을 말한다. 송사는 북송과 남송의 두 시기를 경계로 완약파와 호방파로 구분하는데 완약파는 주로 이별이나 그리움을 노래했고, 여성적이고 부드러우며 완곡한 성격을 띠고 있다. 반면 호방파는 개인적 감정보다 국가와 민족의 안위, 흥망성쇠에 관심을 두었고 힘차고 남성적인 느낌이다. 이청조를 완약파 작가로 구분하지만 북송이 패망하던 시기 전후로 활동했기 때문에 송사의 전기와 후기의 영향을 모두 받았으며, 그의 작품은 완약함과 호방함 두 가지 특징이 모두 나타난다.
- 도서(賭書) : 상대가 말한 시구의 출처를 맞추는 놀이.
- 주 : 《낭현기(瑯嬛記)》에 다음과 같은 내용이 기록되어 있다. 조명성은 아내가 보내온 〈취화음〉을 읽고서 탄복을 금치 못하면서도 자신의 재주가 아내보다 못함을 인정할 수 없어 곧 두문불출하며 침식을 잊은 채 사흘 밤낮으로 사 50수를 썼다. 그러고 나서 이청조가 지은 〈취화음〉도 그사이에 끼워 넣고는 친구 육덕부(陸德夫)를 불러 품평을 청했다. 육덕부는 51수나 되는 사를 읽고 또 읽고 나서 말했다. "세 구절이 절묘하군." 조명성이 그 세 구절이 무엇이냐고 묻자 육덕부가 답했다. "서글프지 않다 말하지 마오. 서풍이 발 말아 올리니, 발 안에 자리한 이가 노란 국화보다도 파리하구나."

신랑을 세 번 시험한 소소매

전해 내려오는 말에 따르면 송나라 때의 걸출한 인재인 소식蘇軾의 어린 누이 소소매蘇小妹는 매우 영특했다. 시사는 물론이고 대련對聯까지 정통하여 종종 오라비들과 시문을 겨룰 정도로 그 재주가 오라비들 못지않았다. 소소매의 뛰어난 재주가 알려지자 그녀를 사모해 혼인을 청하는 자들이 셀 수 없이 많아졌다.

진소유秦少游도 그중 한 사람이었다. 화창한 어느 날, 진소유는 영리한 소소매를 만나고 소소매는 유능한 진소유를 만났다. 그리하여 별다를 것 없던 이날은 신비로움이 감도는 날로 거듭났다. 전설에 따르면 서로의 재주에 끌린 두 사람은 첫눈에 반해 결국 혼례를 올리게 되었다.

동방의 화촉을 밝힌 밤은 마침 서풍이 발을 말아 올리고 동쪽 울타리에 국화 향기가 물씬 풍기는 늦가을이었다. 소소매는 남편의 재주를 시험해보고 싶은 마음에 하녀를 시켜 방문을 굳게 걸어 닫은 다음, 대련의 구절을 맞추게 했다. "동상방東廂房, 서상방西廂房, 옛 방의 신부가 동방에 들어 평생 신랑과 함께하네." 이를 들은 진소유는 곧 소소매의 의도를 눈치 챘을 뿐만 아니라 그녀의 깊은 정에 감동받아 곧바로 대구를 지었다. "사방으로 배움을 구하여 학문을 닦아 태학太學에 들려 한 끝에 신부를 맞이하네." 이리하여 두 사람의 신비한 이야기에 새로운 미담이 더해지게 되었다.

명나라 때 문인 풍몽룡馮夢龍의 〈성세항언醒世恒言〉에도 '소소매가 신랑을 세 번 시험하다'라는 제목의 이야기가 실려 있는데 이 이야기에 나온 '세 번째 시험 문제'가 참으로 흥미롭다.

밝은 달이 대낮처럼 주위를 환히 밝힌 밤, 진소유는 대청에서 열린 연회를 서둘러 마무리 짓고 나서 신방으로 들어가려고 했는데 방문이 굳게 잠겨 있었다. 어떻게 된 영문인고 하니, 소소매가 그를 시험하려고 꾸민 일이었다. 소소매는 진소유에게 세 가지 문제를 내서 답을 모두 맞힐 경우에만 방으로 들이려고

했다. 앞선 두 문제를 쉽게 맞힌 진소유가 마지막 문제지를 펼쳐보았더니 거기에는 이렇게 쓰여 있었다. '문을 닫고 창을 밀어젖히니 밝은 달이 맞이하는구나.' 진소유는 이리저리 머리를 굴리며 고심하던 중 갑자기 초루譙樓의 북소리가 세 번 다 울려감에 마음이 더욱 조급해졌다. 마침 그곳을 지나던 소식이 뜰에 서있는 진소유가 입으로는 '문을 닫고 창을 밀어젖히니 밝은 달이 맞이하는구나.' 하고 읊조리면서 창문을 밀어젖히는 모양새를 취하는 것을 보았다. 한눈에 자신의 누이가 신랑을 시험하고 있음을 알아차린 소식은 '이 상황을 해결할 사람은 나밖에 없겠구나.' 하고 생각하면서도 누이가 낸 문제의 답이 무엇인지 도무지 알 수가 없었다.

그때 마침, 진소유가 뜰에 놓인 물항아리 쪽으로 걸어가 항아리에 기대 물속을 들여다보았다. 그 순간 답을 알아차린 소식은 선 채로 기침을 한 번 하고는 땅에서 작은 벽돌 조각을 집어 들어 항아리 속으로 던졌다. 벽돌 조각이 물속으로 떨어지자 곧바로 물에 비친 하늘과 달이 이지러졌다. 이에 깨달음을 얻은 진소유는 붓을 들어 답을 적어 내려갔다. '돌을 던져 물 아래 하늘을 깨뜨리다.'

이것이 바로 '삼난신랑三難新郎'에 등장하는 세 번째 문제다. 그러나 고증 결과, 이는 실제로 있었던 일화가 아니라 민간에서 전해지는 꾸며낸 이야기였다. 그러나 실제 역사든 허구의 전설이든 서로에 대한 깊은 애정이 느껴지는 소소매와 진소유의 이 같은 이야기는 사랑이라는 감정에 대해 더 아름다운 환상을 품게 해준다.

- 대련(對聯) : 시가, 산문 종류의 글에서, 같은 형식으로 나란히 대(對)를 이루는 연(聯).
- 진소유(秦少游) : 1049-1100년. 진관(秦觀). 북송 때의 사인으로 자는 소유(少遊) 또는 태허(太虛), 호는 회해거사(淮海居士)였다. 소식에게 문재를 인정받은 소식 문하의 네 학사를 일컫는 '소문사학사(蘇門四學士)' 중 한 명으로 시사에 정통했고 남녀의 사랑을 읊은 사와 신세를 한탄하는 작품을 많이 지었다. 풍격은 완곡하고 함축적이며, 청하고 수려함과 동시에 우아했으며 시풍은 사와 비슷하다. 저서로는 《회해집(淮海集)》, 《회해거사장단구(淮海居士長短句)》가 있다.
- 성세항언(醒世恒言) : 중국 명나라 때의 대표적 단편 소설집 《삼언이박(三言二拍)》에 수록된 작품 중 하나.
- 초루(譙樓) : 대궐이나 성 등의 문 위쪽 높은 곳에 사방을 볼 수 있도록 다락처럼 지은 집.

신비로운 여인 이사사

이사사李師師는 북송 말기 유명했던 청루靑樓의 가희歌姬로 평생 수많은 이야기를 남겼다. 이런 이야기 속에서 그녀의 이름은 늘 역사상 유명한 인물들과 함께 거론된다. 그중에서도 가장 사람들의 입에 많이 오르내린 것은 그녀와 송휘종宋徽宗 조길趙佶의 이야기다.

이사사는 기품이 넘치고 음률과 서화에 통달해 개봉開封 안에서 그녀의 이름을 모르는 이가 없었다. 이에 문인들과 귀족자제, 왕손들까지 서로 그녀를 차지하려고 안달을 부렸기에 사대부와 관리들 사이에서 명망이 높았다. 안기도晏幾道는 〈생사자生査子〉에서 그녀의 용모를 이렇게 묘사했다.

먼 산처럼 길게 뻗은 눈썹, 버들가지처럼 낭창낭창한 허리.
화장을 마치니 입춘의 봄바람 같고 한번 웃으니 천금도 적구나.
궁궐로 돌아갈 제, 청루靑樓의 여인들에게 이르노니,
영천潁川의 온갖 꽃을 다 보았으나 이사사만 못하더라.

이처럼 재색을 겸비한 미인이었으니 그 이름이 풍류남아 송휘종의 귀에 전해진 것은 당연한 일이었다. 이사사를 만나보고 싶은 마음이 굴뚝같던 휘종은 어느 날 평범한 문인처럼 변장을 한 채 작은 가마를 타고 이사사가 있는 곳으로 찾아갔다. 휘종은 자신을 전시殿試를 합격한 수재 조을趙乙이라고 소개하며 이사사를 만나러 왔다고 했다. 그리하여 마침내 휘종은 미인의 아름다운 모습을 직접 보게 되었다.

이사사는 휘종 앞에서 노래와 춤을 선보였는데 온화하면서도 우아한 기품이 흐르는 모습과 부드럽고 아름다운 춤사위에 휘종은 마치 꿈을 꾸는 듯했다. 이후 송휘종은 종종 궁궐을 나와 이사사와 만났다. 전해 내려오는 이야기에 따르면 송휘종은 이사사에게 10만 냥이 넘는 금과 은을 하사했다고 한다. 게다가 그녀를 위해 황궁과 이사사가 머무는 진안방鎭安坊 사이에 지하 통로까지 팠다고 하니 송휘종이 이사사를 얼마나 사랑했는지 능히 짐작할 수 있다.

그러나 흥망성쇠는 자연의 이치이니, 번영한 송나라의 황제 휘종은 결국 금나라의 포로가 되었고 이사사는 남방으로 흘러들어간 뒤 행방이 묘연해졌다. 북송의 짧고도 화려한 몰락과 마찬가지로 이사사도 불꽃처럼 타올랐다가 이내 사그라진 북송 도성의 번영 속에서 두근두근 가슴을 뛰게 만드는 신비로운 인물이 되었다. 그리고 이사사에 관한 풍설들은 입에서 입으로 전해져 후세 문학가들에게 창작의 영감을 심어주었고 세상 사람들에게는 흥미진진한 이야깃거리가 되었다.

- 청루(靑樓) : 창기(娼妓)나 창녀를 두고 영업하는 집.
- 가희(歌姬) : 여자 가수.
- 안기도(晏幾道) : 북송의 사인으로 자는 숙원(叔原)이고 호(號)는 소산(小山)이며 무주(撫州) 임천(臨川) 사람이다. 안기도의 사(詞)는 짧은 분량의 사 '소령(小令)'보다 긴데 주로 과거의 일을 회고하고 있다. 분위기가 서글프면서도 무겁고 함축적이며 아름답고 소탈하다. 저서에 《소산사(小山詞)》가 있다.
- 전시(殿試) : 황제 앞에 나아가 치르는 시험. 송 태조 조광윤이 과거 시험의 부정행위를 막기 위해 시행했으며, 전시를 도입함으로써 황제 중심의 문관 지배 체제를 형성하는 데 큰 역할을 담당하게 된다.

유서거사 주숙진

남송의 유명한 여성 사인 주숙진은 사대부가문에서 태어나 경사經史에 통달했을 뿐만 아니라 다재다능하여 서예와 그림은 물론이고 시사에도 능했고 음률에도 정통해 노래와 춤도 빼어났다. 그리하여 어려서부터 재주 있는 여자로 이름을 날리게 되었다.

소녀의 감성은 늘 시로 이어졌다. 사춘기를 맞은 주숙진도 사랑에 대한 환상을 품고 있었다. 그녀는 사모하는 이와 함께 서로를 아껴주며 서로의 손을 잡고 달을 구경하며 시를 주고받는 아름다운 광경을 그렸다.

어느 맑은 가을날, 주숙진은 〈추일우성秋日偶成〉을 써내려갔다. '양쪽으로 쪽진 머리를 처음으로 합치고 눈썹 그리는 법을 배우지만 아직도 나는 나와 혼인할 낭군이 어떤 이인지 모르네. 중추절 보름달이 뜨면 내가 지은 시 만 수를 소랑에게 보여주리라.'

그녀가 바라는 낭군은 시에서 언급한 '소랑'처럼 마음에 쏙 드는 사내였다. 주숙진은 사랑에 대한 자신의 바람을 대담하게 드러냈는데 이는 당시 사회 풍조에는 맞지 않는 지나치게 대담한 행동이었기에 그녀의 부모는 딸의 그러한 마음을 용인할 수 없었다. 그래서 딸의 바람은 무시하고 부모 뜻대로 열아홉 살의 주숙진을 한 관리에게 시집보내 버렸다.

주숙진은 아침저녁으로 함께 할 남편의 취향과 뜻이 자신과 비슷하기를 바랐으나 안타깝게도 그녀의 남편은 가슴에 품은 큰 뜻 따위는 없고 돈만 아는 이로 술과 도박을 즐겼고 아내에게 손찌검까지 하는 작자였다. 주숙진의 환상은 점점 깨져갔다.

불행한 혼인 탓에 주숙진은 자신의 적막한 삶과 괴로운 심경을 토로한 시를 많이 남겼다. 시름과 병마에 시달리는 나날 속에서 독수공방하던 그녀는 〈감자목란화減字木蘭花·춘원春怨〉을 읊었다.

이리저리 서성이든 가만히 앉아있든,
읊조리든 술을 마시든 침상에 눕든,
나는 늘 혼자라네.
오래도록 서서 바라보고 있자니 더욱 괴롭고
봄날의 한기가 시름을 불러오는데 어찌 할 도리가 없구나.
이토록 시름겨운 마음 그 누가 알까?
눈물만 하염없이 흘러 화장을 다 지우는구나.
시름과 병이 겹쳐 시린 밤 등잔 심지 다하도록 잠 못 이루네.

몇 줄 되지 않는 글로 적적한 마음은 물론이고 시름과 병이 겹쳐 밤늦도록 잠 못 이루는 괴로움을 생생히 그려냈다.

전하는 바에 따르면 주숙진이 죽자 그녀의 부모는 그녀가 생전에 남긴 원고를 모두 불태워버렸다고 한다. 오늘날 전해지는 《단장시집斷腸詩集》, 《단장사斷腸詞》는 세상에 전해진 그녀의 시사를 후인들이 모아 엮은 것이다. 주숙진은 서화에도 뛰어난 재주를 보였는데 특히 홍매紅梅와 청죽靑竹을 잘 그렸다. 이에 명나라 때의 대화가 심주沈周는 그녀가 남긴 그림을 보며 극찬을 아끼지 않았다.

수많은 인물의 이름이 역사의 세찬 물결에 쓸려 지워졌지만 '주숙진', 이 이름은 그녀가 쓴 시사처럼 후인들의 기억 속에 남을 것이고 그녀의 붓끝에서 피어난 붉은 매화처럼 눈발이 휘날리는 엄동설한에도 홀로 꼿꼿한 아름다움을 떨칠 것이다.

- 경사(經史) : 경서(經書)와 사기(史記). 옛 성현들이 유교 사상과 교리를 써 놓은 책 경서와 한나라의 사마천이 상고시대부터 전한(前漢) 무제에 이르기까지 역대 왕조의 역사를 엮은 책 사기를 통틀어 이르는 말.
- 소랑(蕭郎) : 남편이나 애인.

여후와 무후에 필적한 유아

《삼협오의三俠五義》에 나오는 유명한 이야기 '이묘환태자狸猫換太子'는 살쾡이와 왕자를 바꿔치기한 북송 황실의 비사秘史에 대해 이야기하고 있다.

'송나라 진종眞宗 때, 유비劉妃와 내시 곽괴郭槐가 공모하여 가죽을 벗긴 살쾡이와 이신비李宸妃가 낳은 갓난아이를 바꿔치기했다. 이로 말미암아 이비는 냉궁에 갇힌 채로 비참한 나날을 보냈다. 훗날, 인종仁宗 조정趙禎이 즉위한 뒤, 우리에게 포청천으로 널리 알려져 있는 포증包拯이 이비의 사건을 재조사하여 그 억울함을 풀어주고 이비를 복권시켜주었다.' 이 이야기는 전통극, 드라마, 영화 등으로 수차례 각색되어 모르는 이가 없는 유명한 에피소드가 되었다.

그러나 이 이야기 속에서 만인의 비난을 산 사건의 '원흉'인 유비는 실제 역사 속에서는 그 성격과 신분이 전혀 달랐다.

유아劉娥는 송진종 조항趙恒의 황후이자 송나라의 첫 번째 섭정태후이다. 사람들은 종종 그녀를 한나라의 여후呂后, 당나라의 무후武后 무측천과 함께 거론했고, 후세는 그녀를 '여후와 무후만큼의 재주는 지녔으되, 여후와 무후처럼 악하지는 않은' 인물로 평했다.

열다섯 유아는 아름다운 용모를 타고났으며 몹시도 영특한데다 조항과 나이가 비슷했다. '가을날 한 번의 만남이 인간 세상 무수한 연인의 사랑보다 낫구나.' 두 사람은 금세 사랑에 빠졌다. 그러나 유아는 집안이 몹시 곤궁하여 거리에서 노래를 팔기도 하였다. 황가의 자제인 조항이 어찌 이토록 비천한 반려를 맞이할 수 있겠는가? 그러나 송태종宋太宗에게 수차례 꾸중을 들으면서도 조항은 궁 안에서 몰래 유아와 만났다.

경덕景德 4년(1007년), 곽 황후가 홍서薨逝하자 사랑하는 이에게 죄책감을 느끼던 진종은 이때다 싶어 당시 이미 입궁해 비로 봉해진 유아를 황후로 삼았다. 그러나 유아는 자식도 없는데다 신분도 미천하였기에 구준寇準을 필두로 한 신하들은 강력하게 반대했다. 고민을 거듭하던 진종과 유아는 '다른 이의 배를 빌려 아이를 낳는' 방법을 생각해내게 되었다. 이것이 무슨 말인고 하니, 유아의 시녀인 이 씨에게 당시 진종의 유일한 황자를 낳게 한 것이다. 유아는 이 황자를 자신의 아들로 삼고는 양숙비楊淑妃더러 자기 대신 길러달라고 했다. 이 아이가 바로 훗날의 송 인종이다.

2년 뒤, 유아는 황후에 책봉되었다. 그녀는 송인종의 생모인 이씨를 괴롭히기는커녕 숭양현군崇陽縣君에 봉했다. 얼마 지나지 않아 이씨는 다시금 딸을 낳으면서 재인才人에 봉해져 정식으로 비빈의 항렬에 이름을 올리게 되었다. 그러나 안타깝게도 공주는 어린 나이에 요절하고 말았다. 이씨는 박복한 팔자를 한탄하며 생이 끝나는 날까지 아들과는 만나지 못했다.

명도明道 2년(1033년), 유아는 향년 65세로 보자전寶慈殿에서 병사했다.

- 삼협오의(三俠五義) : 야담가 석옥곤(石玉昆)이 지은 중국 청나라 때의 통속소설.
- 홍서(薨逝) : 왕이나 왕족, 귀족의 죽음을 높여 이르는 말.

양문여장 전장에 이름을 떨치다

양씨 가문의 여장수 '양문여장楊門女將'이라는 말을 들으면 자연스럽게 머릿속에 갑옷을 걸치고 늠름한 자태를 뽐내던 여장부들이 떠오른다. 그중에서도 가장 강렬한 인상을 남긴 인물은 목숨 걸고 사랑하고 목숨 바쳐 나라를 지킨 목계영穆桂英일 것이다.

전장을 누빌 때의 목계영은 씩씩한 기상과 꿋꿋한 절개로 이름을 떨쳤지만 사랑하는 남자 앞에서는 사랑스럽고 부드러운 여인의 면모를 그대로 드러냈다. 그녀는 여걸이자 소녀였다. 목계영과 그녀의 남편은 말을 타고 전장을 달리며 함께 적군에 맞서 싸우고 나라를 지키기도 하고 마주 앉아 정답게 이야기를 나누며 사랑을 속삭이기도 했다.

그렇게 하늘과 땅이 다하는 날까지 사랑하며 살 수 있을 줄 알았건만 전장을 가르는 칼날은 무정하기 짝이 없었다. 양종보楊宗保는 천문진天門陣에서 쏟아지는 화살비 아래 쓰러지고 말았다. 결국 백년해로하지 못하게 된 두 사람의 안타까운 이야기에 탄식을 금할 수 없다.

양씨 가문의 여장수는 대부분 지어낸 인물로 정사에는 그들에 대한 기록이 거의 없다. 하지만 평화評話와 희극에서는 사새화佘賽花, 대랑大郞의 아내 화해어花解語와 주운경周雲鏡, 이랑二郞의 아내 경금화耿金花와 추난수鄒蘭秀, 삼랑三郞의 아내 동월아董月娥, 사랑四郞의 아내 맹금방孟金榜과 철경공주鐵鏡公主, 오랑五郞의 아내 마새영馬賽英, 육랑六郞의 아내 시군주柴郡主와 왕난영王蘭英, 칠랑七郞의 아내 호연적금呼延赤金과 두금아杜金娥, 팔랑八郞의 아내 채수영蔡綉英과 야율은아耶律銀娥, 양팔저 양연기楊八姐 楊延琪, 양구매 양연영楊九妹 楊延瑛, 불 피우는 일을 한 시녀 양배풍楊排風, 양종보의 처 목계영, 양종영楊宗英의 처 강취빈姜翠蘋, 양종면楊宗勉의 처 초월낭焦月娘, 목계영의 딸 양금화楊金花 등 다양한 인물에 대해 이야기를 남겼다.

- 목계영(穆桂英) : 양씨 가문의 무인들이 오랜 세월에 걸쳐 송나라에 침입한 이민족을 막아낸 역사를 담고 있는 《양가장전(楊家將傳)》, 《양가부연의(楊家府演義)》 등의 소설에 등장하는 허구의 인물이다. 목계영은 무공과 지략이 뛰어났는데 양종보와의 결투에서 승리함으로써 그와 혼인하게 되었다고 전해진다. 목계영은 12명의 여장수들과 함께 한 서역 원정을 통해 '서하(西夏)'와 화의를 이끌어내고, 요나라(遼)와의 국경 분쟁에서도 활약한다. 송나라의 국력이 쇠퇴하자 서하가 송나라를 침략하여 남편인 양종보가 전장에서 죽지만, 분연히 일어나 남은 병력을 이끌고 전장에 나아가 서하의 대군을 대파한 이야기는 중국 문화에서 거듭 재창조되고 있다.
- 양종보(楊宗保) : 양종보는 《양가장전(楊家將傳)》, 《양가부연의(楊家府演義)》 등 소설에 등장하는 허구의 인물로 소설에서는 양업(楊業)의 손자이자 양연소(楊延昭)와 시군주(柴郡主)의 아들이다. 어려서부터 군에 몸담았고 목계영과 혼인했다.
- 평화(評話) : 민간 문예의 한 가지로, 한 사람이 그 지방의 사투리로 옛날 역사를 이야기하는 것.

북을 쳐 금군을 몰아낸 양홍옥

양홍옥梁紅玉은 여인의 몸으로 금나라에 맞서 싸운 남송南宋의 유명한 영웅이다. 조부와 부친 모두 무장 출신으로 어려서부터 부친과 오라비를 따라 무공을 익혔다. 역사서에는 이름 없이 양梁 씨라고만 기록되어 있는데 그녀가 전사한 뒤 여러 야사와 화본話本에서 '홍옥紅玉'이라는 이름을 붙였다. 양홍옥은 남송의 장수인 한세충韓世忠과 혼인한 뒤, 여러 차례 남편을 따라 전장에 섰다. 황천탕黃天蕩 전투에서 양홍옥은 직접 북채를 잡고 북을 두드리며 한세충과 함께 전투를 지휘해 금나라 군대를 장강長江, 현재의 양쯔강 남안에서 무려 48일 동안 저지하여 천하에 이름을 떨쳤다.

건염 3년(1129년), 완안종필完顏宗弼, 김올출金兀朮이 이끈 금나라 군대는 강소江蘇, 절강浙江을 공격해 거침없이 살육과 약탈, 방화를 저질렀다. 건염 4년(1130년), 김올출은 군대를 이끌고 무자비한 약탈을 벌인 뒤에 북상하여 금나라로 돌아가려고 했다. 그러나 북쪽으로 돌아가던 그가 장강에 이르자 경구京口를 지키던 한세충과 양홍옥이 금군을 포위했다.

당시 금군은 십만 대군이라 불렸으나 양홍옥과 한세충에게는 수군 팔천밖에 없어 양군의 병력 차이가 현저해 형세가 매우 비관적이었다. 그런데 지형을 분석한 양홍옥은 이내 과감한 작전을 짰다. 바로 한세충이 적은 군사를 이끌고 배를 타고 나가 금군을 노위탕蘆葦蕩으로 유인하면 대부분의 군사들은 매복해 있다가 북소리를 신호로 횃불을 따라 불화살을 쏘아 적군의 배를 불태우자는 것이었다.

전투의 승패를 가를 중요한 순간, 양홍옥은 비처럼 쏟아지는 화살을 뚫고 있는 힘껏 북을 울려 송군의 위엄을 떨쳤다. 과연 북소리를 들은 금군은 양홍옥의 계략에 빠져 한세충이 유인하는 대로 따라갔다. 매복한 지 오래된 송군이 화살비를 쏘기 시작하자 금군은 하늘을 시커멓게 물들이며 쏟아지는 화살에 맞아 강물 위로 떨어졌다. 양홍옥은 다시 횃불을 밝히고는 승세를 타고 적군을 추격했다. 막대한 사상자를 낸 금군은 결국 황천탕까지 쫓겨 들어갔다.

비록 나중에 한세충이 적을 가벼이 여기는 바람에 금군이 포위를 뚫고 도망쳤지만 한세충 부부의 위명은 갈수록 높아졌고 두 사람이 초주楚州를 지킨 십수 년 동안 더는 적군의 그림자도 볼 수 없었다.

《설악전전說岳全傳》에서는 북을 울려 금나라 군대를 물리친 양홍옥의 위풍당당한 모습을 기가 막히게 평했다.

'둥둥 북소리 높은 돛대 흔드니 십만 군사가 장강에 뛰어드네. 목란木蘭의 충의를 지금도 볼 수 있으니 양홍옥의 늠름한 자태가 예형禰衡 못지않구나.', '숱한 전투에서 얻은 높은 명망에 천하인이 탄복하네. 어질게 남편을 내조하고 지략까지 깊었네. 지금도 금산金山, 초산焦山에 풍랑이 칠 때면 부인이 북 치는 소리를 들을 수 있다네.'

- 한세충(韓世忠) : 1089-1151년. 자는 양신(良臣), 말년에는 스스로를 청량거사(淸凉居士)라 불렀다. 남송의 명장이자 사인이다. 악비(岳飛), 장준(張俊), 유광세(劉光世)와 함께 남송을 다시 일으킨 네 명의 장수라는 뜻으로 '중흥사장(中興四將)'이라고 불렸다. 한세충은 기골이 장대하고 매우 용맹하였으며 싸움을 잘했고 병법에 통달했다. 서하(西夏)와 금나라에 대항하는 전쟁에서 송나라를 위해 큰 전공을 세웠고 각지의 반란을 평정하는 데도 지대한 공헌을 했다.

기꺼이 형벌을 받는 협녀 의로운 이름을 떨치다

형당 아래 서서 저 위에 앉은 관리를 마주한 여인은 비록 그 얼굴빛이 어둡고 몸 이곳저곳에 울긋불긋한 혹형의 흔적이 남아 있었으나 여전히 미소를 지으며 자신의 심정을 담담히 읊었다. "만약 산에 피는 꽃을 머리에 가득 꽂을 수 있다면 천한 몸 돌아갈 곳이 어디냐고 묻지 마오."

사로 자신의 깊은 뜻을 전한 이 여인의 이름은 엄예(嚴蕊)다. 비천한 출신의 그녀는 어려서부터 음악과 예의와 시서를 익혔고 후에 대주(台州)의 관기로 떨어졌다. 그러나 고금의 학문에 통달한 엄예는 '거문고, 바둑, 서예, 그림에 능하고 노래와 춤, 온갖 음악에 통달하였다. 시사를 지을 줄 아는데 대부분 스스로 지어 사인들이 경탄을 금치 못했다. 또한 고금의 이야기를 널리 알고 있었다.' 이에 그 명성을 전해들은 천하의 소년 자제들이 이루 헤아릴 수 없을 만큼 많았고 그녀를 마음에 품은 채 먼 길을 마다 않고 대주로 찾아온 소년들도 있었다.

당시 대주태수(台州太守)로 있던 당중우(唐仲友)는 엄예를 몹시 어여삐 여겨 연회가 열리는 날이면 종종 엄예를 불러 분위기를 띄우게 했다. 한번은 거나하게 취했을 때, 문득 엄예가 떠올라 그녀에게 정해진 시간 안에 사 한 수를 짓게 했다. 이에 엄예는 곧바로 〈여몽령(如夢令)〉을 지었다.

배꽃이라고 했으나 배꽃은 아니고 살구꽃이라고 했으나 살구꽃도 아니네.
꽃잎이 희면서도 붉으니 참으로 그 정취가 남다르구나.
기억하나니, 기억하나니, 무릉(武陵)의 어부가 마음을 빼앗겼던 것을.

그런데 꿈에도 생각지 못한 일이 벌어졌다. 바로 이 엄예의 지기(知己)가 그녀의 목숨까지 위협할 화를 불러온 것이다. 같은 해, 절동상평사(浙東常平使) 주희(朱熹)가 대주를 순행했는데 당중우의 영강학파(永康學派)가 주희의 이학(理學)을 반대했다는 이유로 여섯 차례나 상소문을 올려 당중우를 탄핵했다. 그중 세 번째, 네 번째 상소문에서 당중우와 엄예의 풍기문란 죄를 고발하였다. '송나라 때의 법도에 따르면 관부에서 주연이 있으면 항상 가기(歌妓)들을 불러 시중 들게 하였는데 그저 서서 노래를 부르거나 술을 따를 뿐, 사사로이 시침(侍寢)을 들어서는 안 되기' 때문이었다.

그래서 주희는 황암통판(黃巖通判)을 시켜 엄예를 붙잡아 가두고 바른대로 고할 때까지 고문을 가하게 했다. 그러나 엄예는 죽어도 거짓 자백을 하지 않고 단호히 말했다. "저는 비천한 신분의 기녀입니다. 설령 태수의 시침을 든 바가 사실이라 하더라도 죽을죄는 아니옵니다. 허나 모든 일에는 시비 진위가 있는데 어찌 허튼 소리로 사대부를 욕되게 할 수 있겠습니까? 비록 죽더라도 무고한 이를 모함할 수는 없습니다."

조정 안팎을 들썩이게 한 이 일은 결국 송효종의 귀에까지 들어갔다. 효종은 이 진흙탕 싸움을 두고 '문인들끼리 쓸데없는 싸움을 벌인 것'이라고 보고 주희를 다른 지방으로 보냈다. 이어서 제점형옥(提點刑獄)에 임명된 악비의 아들 악림은 엄예를 풀어주고 수하에게 기적(妓籍)을 가져오라고 시켜 그녀의 이름을 지워주고 양인에게 시집갈 수 있도록 해주었다.

- 시침(侍寢) : 임금을 모시고 잠자던 일. 여기서는 고급관리를 모시고 잠자던 일을 가리킴.
- 악림(岳霖) : 1130년~1192년. 호는 상경(商卿)이고 악비(岳飛)의 셋째 아들이며 어머니는 이(李)씨다. 악비와 이씨는 송 건염(建炎) 4년(1130년) 봄, 의흥(宜興) 장저(張渚)에서 혼례를 올린 뒤, 당문(唐門)에서 살다가 같은 해 11월 15일에 악림을 낳았다. 악비가 살해당했을 때, 악림은 겨우 열두 살이었다. 훗날 악림의 나이 서른셋이 되던 해, 효종(孝宗) 황제가 악비의 누명을 벗겼다.

송나라의 기린아들

송나라의 재자

글. 통제 佟婕

북송의 재자들은 역사의 은하수에서 찬란한 빛을 발하는 별들이다. 그중 가장 밝게 빛나는 소식蘇軾을 비롯하여 구양수歐陽修, 왕안석王安石, 범중엄范仲淹, 소순蘇洵, 소철蘇轍 등 수많은 이들이 더없이 높은 이름을 빛내고 있다. 이들은 숭고하고 고아한 관념 속에서 태어나 글재주, 학문, 도덕을 삶으로 삼고 관직에 있든 삐걱대는 운명을 살아가든 항상 시와 술을 벗 삼았다. 이들이 쌓은 우정은 중국 문인의 본보기로 후세의 끊임없는 상상과 회상을 불러일으킬 만했다.

특히 가장 발이 넓은 이는 아마도 소식이었을 것이다. 그 때문에 소식이 얽힌 이야기가 가장 많이 전해진다. 가우嘉祐 2년(1057년), 스무 살 소식은 송나라의 도읍 개봉에서 진사에 급제하였다. 당시 그는 자신의 뛰어난 재주를 익히 알고 기고만장하던 청년이었을 것이다. 그러나 그 후 40여 년 동안, 잔잔한 수면 아래로 뜨거운 용암이 흐르는 정치판에서 끊이지 않는 당파 싸움 탓에 소식은 항주杭州에서 밀주密州로, 서주徐州에서 황주黃州로, 혜주惠州에서 다시 담주儋州로 철새처럼 옮겨 다녀야 했다. 정처 없이 발걸음을 옮기던 도중, 소식은 〈만정방滿庭芳〉을 지어 이렇게 읊었다. '이제 돌아가련다. 허나 어디로 돌아가야 할꼬? 내 집은 저 멀리 민산岷山과 아미산峨眉山이 있는 곳이니.' 소식은 실의와 낙담을 떨치지 못했으나 그 덕에 술과 먹에 기댄 뛰어난 시와 그림이 세상에 나올 수 있었다.

소식은 늘 술병과 서화를 들고 뜻이 맞는 벗들을 만나러 갔다고 전해진다. 그는 항상 문동文同, 미불米芾, 황정견黃庭堅, 이공린李公麟 등과 함께였다. 소식은 문동이 애써 무언가를 그리려 한 적이 없다고 했다. 소식이 그린 〈고목괴석도枯木怪石圖〉를 보면 나무는 꼭 사슴뿔처럼 생겼고 기이한 바위는 달팽이처럼 생겼으며 그 바위 뒤로 키 작은 대나무가 삐죽삐죽 뻗어 나와 있다. 언뜻 보면 대충 쓱 그린 것 같지만 사실 경중과 완급이 절묘하게 섞여 있다. 구체적인 형태에 힘을 주지 않고 고결하고 침착한 운치를 담으려 애쓴 이 그림은 천진하면서도 자신감이 흘러넘친다. 이런 점에서는 그의 사촌인 문동과 할 말이 많았으리라.

자는 여가與可, 호는 소소거사笑笑居士인 문동은 유명한 화가이자 시인이었는데 그 행동이나 풍격이 소동파와 비슷하여 상투적이지 않고 매우 독창적이었다. 화가 미불은 문동을 이렇게 칭찬했다. "심묵深墨은 앞이 되고 담묵淡墨은 뒤가 되는데 이는 여가로부터 시작되었다." 문동은 묵죽화법墨竹畫法의 창시자로 묵죽을 후대에 전승해 묵죽대사墨竹大師로 불렸다.

소동파蘇東坡는 이런 말을 한 적이 있다. "고기 없이 밥을 먹을 수는 있으나 대나무가 없는 곳에 살 수는

- 소식(蘇軾) : 1037-1101년. 호는 동파거사(東坡居士)이며, 소동파(蘇東坡)라고도 부른다. 소식의 자(字)는 자첨(子瞻) 자담(子瞻)이다. 문장의 대가로 낙천적이고 자유분방한 시세계를 구축하였으며 시 약 2,400수, 사 300수가 지금까지 전해진다. 아버지 소순(蘇洵), 동생 소철(蘇轍)과 함께 중국 당나라, 송나라 시대의 8명의 문장가를 손꼽아 가리키는 '당송팔대가(唐宋八大家)'에 속한다. 아버지는 노소(老蘇), 동생은 소소(小蘇)라 칭하고, 소식은 대소(大蘇)라 불린다.

없다. 고기를 먹지 않으면 사람이 야월 뿐이지만 대나무가 없이 살면 사람은 속(俗)되게 된다. 야위어도 다시 살이 찔 수는 있으나 선비가 속되면 고칠 수가 없다." 소동파가 볼 때, 문동은 대나무 그림으로 신의 경지에 이르러 그림을 그리기 전 이미 '마음속에 대나무가 있는' 경지에 올라섰다. 소동파가 그의 뛰어남을 알아보았듯, 문동도 소동파를 평생의 지기로 여겨 늘 이런 말을 했다. "세상에 나를 알아주는 이가 없는데 오직 자첨(子瞻)만이 한눈에 나의 뛰어남을 알아보았다." 문동은 작품 하나를 완성할 때마다 사람들에게 이렇게 당부했다. "다른 이는 글씨를 쓰지 못하게 하고 자담(子瞻)이 오면 그림 옆에 시를 쓰게 해라." 소동파는 문동을 만나러 올 때마다 기꺼이 글을 남겼고 이 일을 평생의 즐거움이라 일렀다.

　　문동은 시원시원하고 무언가에 얽매이지 않는 성격이라 그림을 완성하면 조금도 아까워하지 않고 손님이 가져가게 두었다. 그러다 보니 문동을 찾아와 그림을 달라는 이가 날이 갈수록 많아져 귀찮을 지경이 되었다. 어느 날, 문동은 사람들이 그에게 그림을 그려달라고 가져온 겸소(縑素)를 바닥에 내동댕이치며 가져다 버선으로나 쓸 것이라고 성을 냈다. 그때 서주에서 벼슬을 하고 있던 소동파가 문동에게서 묵죽화 그리는 법을 다 배웠다고 말하고 다녔기에, 문동은 옳다구나 하고 그림을 얻으러 온 사람들에게 말했다. "나와 같은 묵죽을 그리는 이가 서주 지역 팽성(彭城) 근처에 있으니 그곳에 가서 달라고 하시오."

　　소식과 함께 북송사대가(北宋四大家)로 불리는 미불은 서화에서 소동파와 깊은 교감을 나누었다. 송 휘종(徽宗) 건중정국(建中靖國) 원년(1101년), 소동파가 병이 나자 미불은 소동파에게 '맥문동음자탕(麥門冬飮子湯)'을 보내왔다. 이에 소동파는 〈잠에서 깨어 미원장(米元章)이 염천의 날씨에도 동원으로 가지고 온 맥문동음자 냄새를 맡다〉라는 제목의 글을 지었다. 음력 8월 중추절, 소동파가 세상을 뜨자 미불은 〈소동파만시(蘇東坡挽詩)〉 5수를 지었다. 미불은 자신의 뛰어난 재주를 믿고 안하무인인 기인으로, 송휘종 앞에서도 정신 나간 사람처럼 붓을 휘두르더니 황제의 벼루까지 달라고 했다. 송나라 국자감생(國子監生) 비연(費袞)이 지은 《양계만지(梁溪漫志)》의 〈미원장배석(米元章拜石)〉에 나오는 이야기다.

　　어느 날, 강가에서 괴이하게 생긴 돌을 발견한 미불은 곧 모자를 벗고 자리를 깔더니 돌을 향해 넙죽 절을 올리며 말했다. "석형(石兄)을 뵙고 싶어 한 지 20년이나 되었습니다." 미불은 기이한 돌을 좋아했다. 한번은 영남(嶺南) 단주(端州)의 벼룻돌을 얻게 되었는데 어찌나 좋았던지 사흘 동안 품에 안고 잤을 뿐만 아니라 소동파에게만 가져가서 그 벼룻돌의 명문(銘文)을 청했다. 소동파는 그를 '천하에서 제일가는 사람'이

• 겸소(縑素) : 서화용으로 쓰는 흰색 비단.
• 미원장(米元章) : 미불의 자(字). 북송 당대의 서화가.
• 명문(銘文) : 금속이나 돌, 그릇 따위에 새겨 놓은 글.

송나라의 재자

— 글 · 통제 佟婕 —

라고 높이 평가했는데 아마도 서로만이 서로를 이해하는, 같은 부류의 사람들이었기 때문일 것이다.

송 철종哲宗 원우元祐 3년(1088년), 소동파와 황정견黃庭堅, 이공린은 교외로 나가 물을 끼고 바위 위에 앉아 시를 읊으며 술잔을 기울였다. 이공린이 선뜻 붓을 들어 〈죽석목우도竹石牧牛圖〉를 그리자 황정견이 즉흥적으로 〈제죽석목우題竹石牧牛圖〉라는 제목의 오언시를 지었다.

'자첨이 대나무 덤불과 기이한 바위를 그리니 이공린이 앞쪽 비탈에 목동이 소를 타고 있는 모습을 그렸다. 어찌나 생동감이 넘치는지 가벼운 농으로 감상을 적어보려 한다. 교외의 들판에 험준한 기암괴석이 있는데 바위 옆으로 진녹빛 대나무 숲이 펼쳐져 있다. 목동이 삼척짜리 채찍을 들고 벌벌 떠는 늙은 소를 몰고 간다. 내 그 바위가 몹시도 마음에 드니 소가 바위에 뿔을 갈지 않게 해다오. 뿔 가는 것은 그렇다 치더라도 소가 싸우기라도 하면 내 대나무가 상할 것이다.'

송나라 때의 이 기린아들은 저마다 관직에 몸담고 있으면서도 틈만 나면 함께 모여 학문을 논했다는 점에서 높이 평가받을 만하다. 송 영종英宗의 딸 촉국장공주蜀國長公主와 혼인하였으며 좌위장군左衛將軍, 부마도위駙馬都尉에 임명된 왕선王詵의 집에서 이들은 자주 모였다고 한다.

왕선의 자는 진경晉卿이며 시도 잘 지었지만 산수화도 잘 그렸다. 이성李成의 준법皴法을 배우고 이사훈李思訓의 금벽金碧으로 화법을 합쳐 새로운 화풍을 만들어냈다. 먹선으로 윤곽을 그리고 붓 자국으로 입체감을 표현하는 방식으로 '예전에도 없었고 지금도 없으며 스스로 일가를 이룬' 그의 작품은 독특한 풍격을 지녔다. 현존하는 작품으로는 〈어촌소설도漁村小雪圖〉, 〈연강첩장도烟江疊嶂圖〉, 〈계산추제도溪山秋霽圖〉 등이 있다. 자신의 집에 '보회당寶繪堂'을 지어 역대 명화를 소장하고 밤낮으로 들여다보는지라 그림을 제대로 볼 줄 알았다. 이에 소동파는 그에게 '보회당기寶繪堂記'를 써주기도 했다. 왕선은 여유가 있을 때면 소식, 황정견, 미불, 진관, 이공린 등 수많은 문인들과 만나 기이한 작품에 대한 생각을 나누고 시사를 주고받았다. 이공린은 그 같은 만남을 기념하기 위해 〈서원아집도西園雅集圖〉를 그리기도 했다.

소식을 비롯한 북송의 재자들이 함께 모여 재주를 뽐내는 쪽이었다면 타인과 어울리지 않고 북극성처럼 홀로 빛나던 이들도 있었다. 그중 언급할 만한 인물로 북송 초기의 인물인 남당南唐의 후주後主 이욱李煜이 있다. 그의 놀라운 재주와 멸망한 나라에 관한 이야기는 시공을 넘어 전해지고 있다. 그는 천성이 순하고 선했다. 나라를 다스리는 재주가 없기는 하였으나 다재다능하여 서화에 조예가 깊고 시사에 탁월한

- 기린아(麒麟兒) : 재주가 뛰어나 두각을 나타내는 젊은이.

- 부마도위(駙馬都尉) : 공주의 남편, 즉 제왕의 사위에게 내린 칭호. 부마라고 줄여 부르기도 한다.

- 준법(皴法) : 산수화를 그릴 때 산, 바위, 흙으로 쌓아 올린 둑 등의 입체감, 양감(量感), 질감, 명암 등을 나타내기 위하여 표면을 처리하는 유형적 기법을 가리킨다.

- 이사훈 : 중국 당대의 화가로 그의 아들 소도(昭道)와 함께 금벽산수화(金碧山水畵)라고도 불리는 청록산수화(靑綠山水畵)와 북종화의 시조로 추앙되었다. 청색과 녹색을 주로 사용하고 흰색과 금색을 섞어 썼다고 해서 청록산수화파 또는 금벽산수화파라고 불렀다.

재주가 있었을 뿐만 아니라 음률에도 정통했다. 그의 전반기 작품을 보면 주로 궁정 생활과 남녀의 애정을 묘사하는 전형적인 화간파花間派 사풍을 보인다. 그러나 삶의 고달픔과 망국의 비통함을 겪고 내면세계가 넓어진 그는 천고의 절창 〈우미인虞美人〉에서 휘영청 밝은 달 아래 고향 생각에 찢어지는 마음을 섧게 노래했다.

재자는 대개 황제 자리에 어울리지 않았다. 송휘종도 마찬가지였다 송휘종은 예술 분야에서 보기 드문 천재로 후세는 그를 일러 '모든 일에 능하나, 황제 노릇만은 못하는' 사람이라고 했다. 그는 황제의 자리에 있으면서 채경蔡京, 동관童貫 등 간신을 가까이해 조정의 기강을 무너뜨려 북송이 망국의 나락으로 빠지게 만들었다.

재자라면 응당 유삼변柳三變과 같아야 할 것이다. 유영柳永의 원래 이름은 삼변三變이고 자는 경장景莊이며 북송 완약파 사인의 대표적인 인물이다. 여러 차례 과거에 응시했으나 매번 고배를 마신 그는 이후 사를 짓는 데 전념했다. 천성天聖 2년(1024년), 네 번째로 낙방해 분루憤淚를 삼킨 유영은 미인 하나를 데리고 경성을 떠나며 〈우림령雨霖鈴·한선처절寒蟬淒切〉을 지었다. 이후 물길 따라 남방으로 내려가 사를 지으며 살면서 부평초처럼 여러 지방을 전전했다. 위남渭南에서 성도成都로 갔다가 호남湖南을 거쳐 악주鄂州에 이르렀다. 그러다가 말년에 이르러 겨우 진사시에 합격하여 이후 여항현령餘杭縣令을 제수받았다. 그리고 민심을 잘 보살펴 백성들이 높이 우러렀다고 전해진다. 이후 여러 지역에서 관직을 맡은 그는 둔전원외랑屯田員外郎에 임명되었을 때 정착한 윤주潤州에서 세상을 뜰 때까지 살았다.

소동파는 그를 이렇게 평했다. "사람들은 유기경이 속되다고 하나 아니다. '처량한 서릿바람이 점점 급해지고 관문의 산천은 스산한데 서쪽으로 기우는 노을빛이 누각을 비춘다'라는 구절에서도 드높은 당시唐詩와 같은 운치가 느껴진다." 그 말인 즉, 유영의 사에 등장하는 이 구절은 당대의 시인이 쓴 시의 고명함과 같이 논해도 뒤지지 않는다는 뜻이다.

역사 속에서 찬란하게 빛나는 송나라의 기린아들은 짙은 안개가 자욱한 시간의 긴 강 위에 서서 중국 문화의 일부가 되었다. 빛이 바래지도 않을 것이며 복제할 수도 없는 그들은 영원히 후인들의 존경을 받을 것이다.

• 유기경(柳耆卿) : 유영(耆卿)의 자(字). 북송의 관리이자 문학가이다. 과거시험을 네 차례나 낙방하고, 화류계 여인들과 평생을 함께했다. 주로 남녀 간의 슬픈 사랑과 이별을 노래한 대중적인 작품을 많이 남겼는데, 그의 사는 널리 퍼져 우물이 있는 곳이면 어디서나 그의 사를 들을 수 있었다고 한다.

붓을 들어 시를 남기니 더욱 정취가 있구나

소식의 호는 동파거사東坡居士다. 사람들은 모두 소식을 두고 송나라의 첫째가는 재자라고 했다. 천재적인 재능을 타고난 그는 호방사파豪放詞派를 창시하였다. 유진옹劉辰翁은 《신가헌사서辛稼軒詞序》에서 '동파가 쓴 사는 호방하고 거침없어 시 같고 문장 같고 천하의 절경 같았다.'고 했다.

세상 사람들은 소동파가 활달하고 낙천적인 사람인 줄 안다. 그러나 사람일진대 세상사가 뜻대로 풀리지 않는데도 아무 일도 없는 것처럼 다 잊고 살 수 있겠는가? 시간의 단층 속에는 늘 종이 위에 뚝뚝 떨어뜨리면 금세 퍼져버리는 먹물 같은 기억이 있게 마련이다. 잔잔한 호수에 던져진 조그만 돌멩이 하나가 수면 위에 큰 파문을 일으키듯이 말이다.

마음에서 내려놓은 지 오래되면 정말로 잊을 수 있을까? 아니다. 소식은 '생각하지 않으려 해도 잊을 수가 없다'고 했다. 소식이 혼례를 올렸을 때, 아내 왕불王弗은 꽃다운 열여섯이었고 소식은 열아홉이었다. 두 사람은 서로를 끔찍이 아끼고 은애했다. 소식이 자신을 찾아온 손님과 이야기를 나눌 때, 그의 아내는 병풍 뒤에서 가만히 듣고 있다가 자신의 생각을 남편에게 말해줬다. 소식은 그녀가 하는 말을 경청했을 뿐만 아니라 마음속에 깊이 새겼다. 그러나 안타깝게도 왕불은 젊은 나이에 병으로 세상을 뜨고 말았다. 그녀는 자신의 남편과 함께 황주黃州도 가보지 못했고 혜주惠州, 담주儋州도 가보지 못했으며 영남을 넘고 남해를 건너지도 못하고 세상을 떠났다. 또 오대시안烏臺詩案에 연루된 소식이 세 번이나 좌천당해 온갖 고초를 겪고 기구한 인생을 사는 것도 보지 못했다.

'생과 사로 아득히 멀어진 지 어언 십 년, 생각지 않으려 해도 잊기 어려워라. 천 리 멀리 외로운 무덤, 이 처량한 마음 어디에 하소연할까. 만난다 하더라도 알아보지 못하리라. 얼굴에는 먼지 가득하고 귀밑머리는 하얗게 세었으니. 밤이 되어 꿈속에서 문득 고향에 돌아갔더니 그대는 작은 창가에서 머리 빗고 화장하고 있었지. 서로 마주 보고는 말을 잇지 못하며 눈물만 하염없이 흘렸다네. 해마다 찾아가는 가슴이 미어지는 그곳, 휘영청 밝은 달이 작은 소나무가 자라는 무덤을 비추네.'

어진 아내가 일찍 세상을 떠나 이승과 저승으로 영원히 이별하였다. 애달픈 마음을 하소연할 곳도 없이 그저 한없이 그리워하며 비통하고 쓸쓸한 마음을 꾹꾹 누르다가 사방이 잠든 깊은 밤, 홀로 슬퍼했다. 십 년…… 자그마치 3,650일을 '생각지 않으려 해도 잊기 어려운' 날 속에서 보냈다. 지난날의 소년은 얼굴 가득 먼지를 뒤집어쓰고 귀밑머리가 하얗게 센 지 오래였다. 이 순간 그는 설령 다시 만날 수 있다고 하더라도 과연 그녀가 눈앞에 선 이 늙고 초라한 사람이 자신의 남편인 줄 알아볼지가 걱정이다.

옛사람들은 '예에서 가장 중한 것은 상喪'이라고 했다. 아내가 세상을 뜨자 소식은 손수 소나무 '3만' 그루를 심어 애도했다. 10년이 흐른 지금, 천 리 멀리 외로운 무덤이 있는 곳에는 소나무들이 잘 자라 있을까?

- 오대시안(烏臺詩案) : 북송의 제6대 황제 신종(神宗)이 즉위한 뒤 왕안석(王安石)을 중심으로 한 개혁파가 급진적인 정책을 추구하자, 소동파는 왕안석의 신법(新法)을 비판한다. 소동파를 시기한 반대파에 의해 1079년 그가 쓴 시문에 담긴 구절들을 문제 삼은 필화 사건 '오대시안'에 휘말려 황주(黃州)에 유배된다.

술 취한 노인의 뜻은 술에 있지 않다네

술은 참으로 위안을 주는 존재다. 기분이 하늘을 날 것 같을 때는 술이 없으면 안 된다. '강가에서 술 마시고 창을 비껴들고 시를 읊으며' 천하를 내립떠보고 호방한 기운을 천지에 떨쳤던 조조曹操처럼 말이다. 기분이 땅으로 곤두박질칠 때도 술이 없으면 안 된다. '잔 들어 밝은 달을 맞이하네, 그림자 마주하니 세 사람이 되었구나' 하고 읊은 이백은 몹시 처량한 신세임에도 그 안에서 즐거움을 찾았다. 송나라 때에 이르러, 술과 차는 쌀과 소금에 버금갈 정도로 귀한 대접을 받았다.

송나라 사람들은 술 마시는 방식도 가지가지였다. 죄수처럼 머리를 풀어 헤친 채 맨발에 칼을 차고 마시는 수음囚飮, 새처럼 나뭇가지 위에 앉아서 마시는 소음巢飮, 새끼로 온몸을 꽁꽁 묶고 자라처럼 목을 쭉 빼고 마셨다가 다 마신 다음에는 목을 짚단 속으로 쑥 움츠리는 별음鱉飮 등 온갖 방법으로 술을 즐겼다. 석만경石曼卿, 유잠劉潛 등 술 잘 마시기로 이름난 사람은 많았으나 가장 고상하게 술을 즐긴 사람을 꼽으라면 단연 구양수歐陽修일 것이다.

경력慶曆 6년(1406년), 구양수는 범중엄 등이 주도한 혁신 운동을 지지했다는 이유로 저주태수滁州太守로 좌천당했다. 당시 마흔에 불과한 나이였지만 구양수는 스스로를 '취옹醉翁'이라고 불렀다. 구양수는 술을 마시며 꽃 피는 봄에서 단풍이 물드는 가을로 흐르는 세월 속에서 대자연의 아름다운 풍광을 만끽했다. 술을 마실 때의 기분은 저마다 다를 터이나 구양수는 술을 마심으로써 마음속에 똬리를 튼 근심 걱정을 털어냈다. 구양수는 〈조중조朝中措·유양으로 출수하는 유원보에게〉에서 이렇게 말했다.

'평산당平山堂 난간에 닿은 맑은 하늘. 먼 산은 있는 듯 없는 듯 희뿌옇구나. 평산당 앞에 심어둔 버드나무야, 헤어진 지 한참이나 되었구나. 문장가인 나 태수는 붓을 휘두르면 만 자를 쓰고 술을 마시면 천 잔을 비우지. 즐기는 것도 젊어야 할 수 있으니, 술잔 앞에 앉아 있는 저 늙은이를 보게나.' '술을 마시면 천 잔을 비우고', '즐기는 것도 젊어야 할 수 있다니' 참 대단한 구양수다.

술 마시는 모습이 붓끝에서 보이는 듯하니 감탄이 절로 나온다. '시름을 덜어보려 술잔을 들었다가 도리어 시름만 는' 이백이나 '늙고 쇠약해져 탁주마저 끊어야 한' 두보와 달리, 구양수는 술을 마시거나 사를 지을 때 시름을 뜻하는 '수愁'자를 쓴 적이 거의 없다. 아무리 고달픈 상황에서도 구양수는 늘 낙천적이고 긍정적인 태도로 술잔을 기울이며 시름을 잊었다.

구양수는 말년에 자신의 호를 '육일거사六一居士'라 지었다. '육일六一'은 구양수가 지은 '육일거사전六一居士傳'에서 따온 것이다. '내 집에는 일만 권에 달하는 장서와 하夏, 상商, 주周나라 이래 금석문 일천 권, 거문고 하나, 바둑판 하나, 그리고 좋은 술 한 병이 늘 구비되어 있다. 여기에 늙은이인 내가 이 다섯 가지 사이에서 늙고 있으니 '육일'이 아니겠는가?'

저주滁州에서는 취옹정醉翁亭에 자리를 잡고 앉아 신분과 지위를 따지지 않고 관리든 일반 백성이든 가리지 않고 술친구로 삼았다. 양주揚州에서는 평산당에서 손님을 맞아 술을 즐겼다. 구양수는 툭하면 하인을 시켜 멀지 않은 곳에 있는 소백호邵伯湖에 가서 연꽃 몇 송이를 꺾어오게 했다. 그리고 연꽃을 대야 여러 개에 하나씩 나누어 꽂아 손님들 사이에 둔 다음, 가기들을 시켜 손님들에게 하나씩 전하라 했다. 그리고 나서 순서대로 연꽃의 꽃잎을 한 장씩 떼어 마지막 꽃잎을 뗀 사람이 술 한 잔을 마시고 시 한 수를 짓게 했다. 송나라 때의 격고전화擊鼓傳花라고 보면 되겠다.

'새는 노래하고 꽃은 춤추고 태수는 취했는데 날 밝아 술에서 깨면 이미 봄은 가고 없으리니.' 이처럼 소탈하고 느긋하게 술 냄새에 취해 자연 속에서 자유자재로 살았으니 그 얼마나 즐거운 삶이었을까!

- 금석문(金石文) : 돌로 만든 비석, 바위, 금속 따위에 새겨진 글자나 기록을 말한다. 고대의 역사나 문화, 당시의 사회상을 파악할 수 있다.
- [역자 주] 격고전화(擊鼓傳花) : 북을 두드리는 동안 꽃을 전하는 중국 전통놀이.

금에 맞선 명장 악비

역천창泝泉槍 한번 휘두르면 적들은 간담이 서늘해져 벌벌 떨었고, 악비의 군대 악가군岳家軍이 전장에 서면 침략자들은 참혹히 패해 도망쳤다. 북송에서 남송으로 넘어가던 시기, 만 리 강산은 금나라의 말발굽에 처참하게 유린당했다. 이에 나라를 지키려는 어질고 뜻 있는 자들이 잇달아 나타났다. 그중 가장 널리 명성을 떨친 사람이 바로 악비다.

악비는 금나라에 맞서 싸운 명장으로 '남송중흥사장南宋中興四將' 중 한 명이며 중국 역사에 길이 이름을 남긴 군사 전문가이자 전략가였다. 어린 시절, 악비는 금나라가 송나라를 침략해 방화와 살육, 약탈을 저지르는 참혹한 장면을 목도하고 분개하여 군에 몸담아 나라를 지키기로 다짐했다. 악비의 어머니도 대의에 밝은 여인으로 아들의 등에 직접 '진충보국盡忠報國' 네 글자를 새겨 교훈으로 삼도록 했다.

건염建炎 4년(1130년), 보름에 걸친 건강建康에서의 전투에서 악가군은 삼 천이 넘는 금나라 군사를 도륙하고 군관 이십여 명을 사로잡으면서 종전을 알렸다. 이는 악가군이 처음으로 거둔 빛나는 승리였다. 이후 악비는 떠돌이 도적이던 이성李成, 장용張用, 조성曺成과 길주吉州, 건주虔州의 반란을 평정했다. 송고종宋高宗 조구趙構는 악비의 공을 치하하기 위해 그에게 갑옷, 마개馬鎧, 활, 전포戰袍 등을 상으로 내리고 '정충악비精忠岳飛' 네 글자가 수놓아진 군기軍旗를 하사했다. 그뿐만 아니라 행궁에서 따로 만나 '짐은 나라 중흥의 대사를 그대에게 맡긴다'고 했다. '항금抗金'의 뜻을 세운 악비는 '짐이 직접 내린 명령에 따르듯 악비의 명령에 따르라'는 고종의 조서를 받았을 때, 가슴속에 웅대한 포부가 들어찼다.

그러나 나라를 지키는 길은 한 발짝도 떼기 어려운 가시밭길이었다. 아둔한 황제와 비열한 간신들 탓에 위태로운 상황이 끊임없이 이어졌다. 음모가 수면 위로 드러났을 때, 마침 악가군은 전선에서 온몸에 피를 뒤집어쓰고 적군과 혈전을 치르고 있었다. 거침없는 공세에 결국 금군은 개봉을 버리고 강을 건너 북방으로 도망치려고 했다. 송고종이 연달아 12개나 되는 금패金牌를 보내 12명의 야차더러 충신을 붙잡아오라고 했을 때, 악비는 이미 정주鄭州, 낙양洛陽을 수복하고 개봉에서 겨우 45리 떨어진 주선진朱仙鎭까지 진군해 있었다. 병사들이 '금나라의 수도인 황룡黃龍까지 쳐들어가자'고 외치는 소리가 귓전을 때리는 그때, 악비는 회군하라는 황제의 조령을 받게 되었다. 비분강개한 악비는 소리 높여 외쳤다.

"10년의 공적이 하루아침에 무너지는구나. 수복한 군현을 오늘 모조리 잃는구나! 나라의 강산을 다시 일으키기 어려울지니! 천지를 다시는 회복하지 못하리니!" 그제야 악비는 자신이 〈만홍홍滿紅紅〉에서 다짐한 '진두에 서서 옛 강산을 수복하고 나면 천자의 궁궐에 조회하리라'던 각오가 결국 물거품이 되고 말았음을 깨달았다.

소흥 11년 12월 29일(1142년 1월 27일), 송고종은 악비에게 죽음을 명했다. 이로써 악비는 향년 39세로 생을 마감하게 된다. 악비의 아들 악운岳雲과 부장 장헌張憲도 같은 날 함께 처형되었다. 이 소식을 전해 들은 백성들은 모두 눈물을 쏟았다.

'막수유莫須有', 이 세 글자는 천고의 억울한 죽음을 만들었고 진회秦檜와 조구는 역사에 치욕스러운 오명을 남기게 되었다. 지금으로부터 878년 전, 악비가 흘린 뜨거운 피는 역사의 서늘한 땀이 되고 '내 나라를 돌려달라'는 외침이 되어 후인들의 각성을 일깨우고 많은 생각을 불러일으킨다.

- 진충보국(盡忠報國) : 충성을 다하여 나라가 베푼 은혜에 보답함. 정충보국精忠報國).
- 마개(馬鎧) : 말 갑옷.
- 전포(戰袍) : 장수가 입던 웃옷.
- 금패(金牌) : 죄를 사면(赦免)하는 편지나 군사상의 기밀 사안을 어전(御前)에서 발송하면 가장 긴급하게 역말로 전달할 때 사용하던 금자패(金字牌)를 말한다. 나무패에 붉은 칠을 하고 황금색으로 글자를 썼다.
- 막수유(莫須有) : 남송의 재상 진회는 금나라에 맞서 항전하는 명장 악비의 존재가 눈엣가시와 같았다. 금과 화의(和議)할 것을 주장하던 진회는 악비를 반란죄로 모함하였고, 증거 없는 반란죄에 대해 한세충이 추궁하자 "혹시 죄가 있을지도 모른다(막수유)"는 어이없는 답변을 내놓았다. 결국 악비는 억울한 죽음을 당하였고 훗날 복권되어 악왕(顎王)으로 추존됐다. 하지만 진회는 중국 역사상 최고의 간신이라는 오명을 쓰고, 오늘날 악비의 묘 앞에 무릎 꿇고 있는 결박된 죄인 차림의 동상으로 남게 되었다.

법의학의 시조 송자

송자宋慈는 남송의 유명한 법의학자다. 어려서부터 남달리 총명했던 그는 세상에 궁금한 것이 많고 관심이 가는 것도 많았다. 의술을 펼치는 외숙을 따라다니다 의학에 깊은 관심을 가지게 되어 많은 의서를 읽었다. 외숙의 가르침을 받으며 열심히 공부한 송자는 10대 때 이미 많은 의학지식을 쌓으면서 훗날 '법의학의 아버지'가 되기 위한 기틀을 다졌다.

어느 날, 송자는 이미 종결된 자살 사건에 관한 문서를 보게 되었는데 죽은 사람은 농부였다. 농부가 자살하는 경우는 극히 드물기 때문에 송자는 그가 극단적인 선택을 할 수밖에 없는 사정이 있었을 것이라 생각했다. 게다가 사건 관련 문서에는 자살한 원인이 자세히 언급되어 있지 않았다. 그래서 송자는 그 사건을 다시 살펴보기로 했다. 오작仵作이 자살로 결론을 내렸지만, 사체를 검시하던 송자는 그 농부가 사후에 칼을 느슨하게 쥐고 있다는 사실을 발견했다. 또 상처를 자세히 살펴보니 칼이 들어갈 때는 약하게 들어갔다가 나올 때 세게 빠져나와 있어 더욱 의심이 갔다. 그래서 죽은 사람의 이웃과 친지들을 찾아다닌 끝에 송자는 이 사건이 아녀자를 억지로 빼앗기 위해 무고한 생명을 해친 살인 사건임을 밝혀냈다.

사건의 전말은 이러했다. 그 지역 관료의 자제인 오량吳良이라는 자가 있었는데 아버지의 힘만 믿고 주색을 즐기고 온갖 망나니짓을 하고 다녔다. 그런 와중에 현관縣官은 오량 아버지의 제자인데다 행실이 바른 관리가 아니어서 백성들의 원망이 하늘을 찌르고 있었다. 이 살인 사건의 주모자가 바로 오량이었다. 오량은 이제 막 혼인한 농부의 아내를 보고 반하여 관가와 공모해 농부를 죽이고 자살한 것처럼 꾸몄다. 그리고 나서 돈으로 관아의 관리들을 매수했기 때문에 이 살인 사건은 '자살 사건'으로 둔갑해 스리슬쩍 종결되고 말았다. 그 후, 농부의 아내를 약탈해 간 것으로 오량은 모든 일이 순조롭게 마무리된 줄 알았다. 그러나 다행히 사건 보는 눈이 귀신같은 송자가 사건을 재심한 덕에 오량과 관가는 법에 따라 사형에 처해졌고 농부의 억울한 죽음은 진상이 밝혀지게 되었다. 송자가 이 사건의 진상을 밝혀내자 온 고을이 들썩였고 백성들은 입을 모아 송자를 칭송했다.

훗날, 송자는 역대 의서와 기타 서적에서 법의학적 진단과 관련된 기록에 자신만의 법의학 검시 경험을 더해 송대 이전 법의학 서적과 경험을 정리하여 《세원록洗寃錄》을 지었다. 조정에서는 이 책을 제점형옥관提點刑獄官의 필독서로 삼아 전국에 배포했다. 이후 700년 동안, 원·명·청대에 이르기까지 이 책은 형법관刑法官의 필독서가 되었다.

여기서 알아둬야 할 점은 《세원록》이 세계 최초의 법의학 서적이라는 사실이다. 그 때문에 송자는 세계 법의학의 시조로 추앙받고 있다.

- 오작(仵作) : 옛날의 검시관.
- 관가(管家) : 옛날 관료 집을 관리하는 집사.
- 세원록(洗寃錄) : 송자(宋慈)(1186-1249년)가 편찬하여 1247년 간행한 법의학서로 《세원집록(洗寃集錄)》, 통칭 세원록으로 부른다. 형옥 관리로서 쌓은 경험을 바탕으로 검관(檢官)이 사건 현장에서 피해자의 시체를 검사하고 사망 원인을 밝히는 검험(檢驗)과 법의학적 지식과 검시방법, 기술, 절차 등을 정리하고 망라하였다. 이는 세계 최초의 법의학 전문서적이다.

공평무사한 판관 포청천

북송의 명신名臣 포증包拯은 청렴공정하고 공평무사하며 백성들의 억울한 사정을 잘 살펴주었기에 남녀노소를 불문하고 모든 백성이 '포청천包青天'이라는 이름을 알게 되었다. 이에 당시 개봉 사람들은 포증을 두고 '염라대왕 같은 포증에게는 뇌물이 통하지 않는다'고 칭송했다. 후세 사람들에게 포증은 단순한 역사 속 인물이 아니라 정의의 화신이다.

포증이 정원定遠에서 지현知縣으로 있을 때의 일이다. 두 여인이 한 아이를 두고 서로 자신의 아이라고 다투면서 그에게 바른 판결을 내려달라고 청했다. 자세히 물어보니 여인들이 말하는 세 살배기 아이는 어느 부호의 외아들이었다. 이 부호는 어마어마한 재산과 외아들을 남겨두고 얼마 전 세상을 뜨고 말았다. 따라서 이치대로라면 아이의 생모가 그 많은 재산을 다 차지하게 될 터였다. 그런 상황에서 부호의 아내 왕王 씨와 첩 이李 씨는 서로 자신이 아이의 생모라고 주장하고 있었다.

말다툼을 넘어 몸싸움까지 벌이려는 두 사람에게 포증이 말했다. "너희 두 사람 다 자신이 생모라고 주장하니 본관은 누구의 말이 옳은지 판단할 길이 없구나. 차라리 아이를 가운데 두고 서로 빼앗는 것이 어떠하냐? 나는 아이를 빼앗은 사람에게 그 아이를 줄 것이다." 말을 마친 포증은 바닥에 석회로 둥근 원을 하나 그리라고 시키고는 아이에게 원 안에 서라고 했다.

두 여인이 서로를 힐끗거리기만 할 뿐 꼼짝도 하지 않자 포증이 어서 빼앗으라고 벼락같이 호통을 쳤다. 이에 왕 씨가 곧바로 달려 나가 아이의 손을 잡았다. 이 씨는 원치 않는 기색이 역력한 표정으로 한참을 머뭇거리다가 차마 떨어지지 않는 걸음을 옮겼다. 아전이 시작하라고 외치자 왕 씨와 이 씨는 동시에 아이를 제 쪽으로 힘껏 끌어당겼다. 이런 일을 겪어봤을 리 없는 세 살배기 아이는 놀라 엉엉 울면서 아프다고 거듭 소리를 질렀다. 아이의 비명을 들은 이 씨가 곧바로 손의 힘을 빼자 아이는 왕 씨 손에 이끌려 원 밖으로 끌려 나갔다.

아이의 팔이 퉁퉁 부은 것을 본 이 씨는 포증 앞에 무릎을 꿇으며 울면서 외쳤다. "나리, 저는 그만하겠습니다. 아이를 왕 씨에게 주십시오." 왕 씨가 그 틈을 놓치지 않고 꿇어앉으며 말했다. "나리, 어서 아이를 제게 주십시오!"

그러자 포증이 말했다. "천하에 자신의 아이를 사랑하지 않는 어미가 어디 있겠느냐? 한 사람은 아이가 어떻게 되든 상관 않고 있는 힘껏 당겼고 한 사람은 아이의 울음소리를 듣자마자 손의 힘을 뺐다. 누가 진짜 어미인지는 굳이 말하지 않아도 알겠구나." 그 말에 왕 씨는 곧바로 머리를 조아리며 용서를 빌었고 주위에 있던 사람들은 모두 탄복했다. 포증은 진짜 어미라면 자식을 끔찍이 아낄 것임을 알기에 '가짜 어미'가 걸려들도록 함정을 파서 반증법으로 진위를 판명했다. 참으로 명판결이 아닐 수 없다.

이후 그가 내린 판결은 점점 더 널리 전해지고 갈수록 신비로운 색채가 입혀졌다. 그리하여 포증은 중국 문학 작품 속에서 '낮에는 이승의 사건을 판결하고 밤에는 저승의 사건을 판결하니, 용작두, 호작두, 개작두가 귀신을 울리는' 해결사가 되었다.

- 지현(知縣) : 현(縣)을 다스리는 관직. 송나라 때에 시작되어 청나라 때까지 사용되었다.
- 포증(包拯) : 999-1062년. 포증은 청렴하고 공정하며 강직한 관리였다. 권세가에게 아첨하지 않고 공평무사하며 백성을 대신해 억울한 사정을 해결해주었기에 '포청천(包青天)', '포공(包公)'이라는 이름으로 불렸으며 개봉에서는 '염라대왕 같은 포증에게는 뇌물이 통하지 않는다'는 말이 돌 정도였다. 후세는 그를 규성(奎星)의 화신으로 여겨 신으로 받들어 모셨다.

예술 천자 송휘종

원나라 사람 학경郝經은 시에서 이렇게 탄식했다. '예로부터 중원에서 망한 나라는 많았으나 송나라가 돌 때문에 망할 줄 누가 알았으랴!' 이는 송휘종이 지나치게 돌을 좋아한 탓에 나라를 망친 것을 꼬집는 말이었다. 송휘종은 간악艮岳을 조성하는 데 쓸 기암괴석과 기화요초를 강남에서 변경으로 실어오기 위해 수천 척의 배를 동원했다. 순식간에 변하汴河 위로 배들이 꼬리에 꼬리를 물고 이어져 돛이 해를 가릴 지경인지라 백성들의 삶은 고단해졌고, 결국 지방에서 변경으로 암석과 나무를 옮기는 선단船團인 '화석강花石綱'은 '방랍方臘의 난'을 불러일으켰다.

송휘종 조길은 나라를 다스리는 데는 무능했으나 문학과 예술 방면으로는 다재다능한 천재였다. 못 다루는 악기가 없었고 거문고, 바둑, 서예, 그림 모두 정통했으며 투계鬪鷄, 개를 경주시켜 승부를 겨루는 경견競犬, 축국蹴鞠까지 능했다. 그러나 예술 분야의 천재를 황위에 앉히면서 북송 왕조의 운명은 비극으로 끝나게 되었다.

예술에 심취한 황제는 즉위한 뒤로 역대 유명한 회화 작품을 백방으로 수집하여 끊임없이 모사한 끝에 기량이 크게 늘어 명실상부한 화단의 거장으로 거듭났다. 역사는 송휘종을 두고 '서예와 회화에 능해 당대에 널리 이름을 알렸다'고 평했다. 휘종은 전문적으로 화가를 양성하기 위해 화학畫學을 설립하라고 명했으며 훗날 한림도화원翰林圖畫院에 합병시켰다. 휘종 자신이 뛰어난 화가였기 때문에 화원의 시험은 매우 엄격했다. 매번 휘종이 직접 문제를 내는 시험은 말도 못하게 어려웠다.

어느 날, 봄놀이를 다녀오던 휘종은 흥이 오를 대로 올라 '꽃을 밟고 돌아가니 말발굽에서 향기가 나네'라는 제목으로 어화원에서 특이한 그림 대회를 열었다. 꽃이나 말발굽처럼 형체가 있는 것은 쉽게 그릴 수 있었으나 형체가 없는 '향기'는 그림으로 표현하기 쉽지 않았다. 그래서 뛰어난 그림 실력을 자랑하는 궁중 화가들은 서로를 힐끔거리기만 할뿐, 누구 하나 쉽게 붓을 들지 못했다. 그때 젊은 화가 하나가 선뜻 붓을 휘두르기 시작했다. 그의 구성은 매우 탁월했는데, 거침없이 달리는 말의 발굽 주변에 나비 떼가 날아다니고 있었다. 이로써 꽃놀이를 다녀왔으며, 말발굽에는 아직 진한 꽃향기가 남아있는 상황을 실감나게 표현했다. 그림을 본 휘종은 절로 탄성을 내질렀다. "훌륭하구나! 참으로 훌륭하도다!" 이어서 이렇게 평했다. "이 그림이 훌륭한 까닭은 구상이 훌륭하면서 그 정취가 깊기 때문이다. 형체가 없는 향기를 마치 형체가 있는 것처럼 종이 위에 생생하게 그려내 향기가 코를 찌르게 하지 않는가!" 듣고 있던 화가들은 모두 그 뛰어난 솜씨에 부끄러움을 감추지 못했다.

만약 조길이 황제가 되지 않고 그저 단왕端王에 머무르며 서예와 그림에 몰두했다면 틀림없이 훨씬 더 큰 예술적 성취를 이뤘을 것이며 후세에 전해지는 작품도 더 많았을 것이다.

그러나 안타깝게도 역사에 '만약'은 없다. 변화했던 성이 무너지고 화약 연기가 흩어졌을 때, 간악에 놓여있던 기암괴석은 이미 조각조각 부서져 변하 강줄기 밑에 가라앉아 후인들을 기다리고 있었다.

- 간악(艮岳) : 송휘종이 조성한 황실의 원림.
- 기화요초(琪花瑤草) : 옥같이 고운 풀에 핀 구슬같이 아름다운 꽃.
- 변하(汴河) : 중국 수나라의 양제가 만든 운하. 황하(黃河)와 회수(淮水)를 연결하였다.
- 방랍(方臘)의 난 : 1120년. 북송 말기 지배층의 수탈에 지친 백성들이 봉기한 농민반란. 방랍이 세력을 규합하여 목주에서 반란을 일으켰으며 당시 사미당이라 불린 마니교 신도들이 많이 참여했다. 열흘 만에 10만 명이 모였고, 몇 달 만에 6주 52현을 점령하면서 당당한 위세를 떨쳤다. 가담한 봉기군의 수만 해도 100만이 넘었으나 결국 관군에게 진압당했다. 방랍의 난은 소설 《수호지》의 이야기 배경이 되기도 했다.
- 단왕(端王) : 송휘종 조길이 왕으로 즉위하기 전 황자 시절에 불리던 별칭. 조길은 철종의 동생으로 후사 없이 죽은 형의 뒤를 이어 왕이 되었으나 지나치게 예술에 탐닉하여 송나라는 쇠락의 길을 걷게 된다.

속세의 부귀한 이는 아닐지니

이욱李煜의 자는 중광重光이며 남당南唐의 중주中主 이경李璟의 여섯 번째 아들이다. 원래 적장자가 황위를 잇는 원칙에 따라 황위를 계승할 자격이 있는 황자는 그의 형이었던 이홍기李弘冀였다. 이욱은 자신이 황위를 노린다고 큰형이 의심할까 봐 아예 정치를 멀리하고 예술 세계에서 재능을 펼치며 시문과 서화, 음악에서 즐거움을 찾았다. 어쩌면 그런 아들을 안타깝게 여긴 때문인지 중주 이경은 아들 이욱을 사서에 밝고 음률에 능하며 비파 연주 솜씨가 일품이었던 주아황周娥皇과 혼인시켰다. 그뿐만 아니라 이경은 소조비파燒槽琵琶를 주아황에게 하사하기도 했다. 이 소조비파는 후한 말, 대문학가이자 시인이며 음악가였던 채옹蔡邕이 불에 그을린 오동나무로 만들었다고 전해진다. 이 금琴은 그의 딸인 채문희蔡文姬가 아끼던 보물로 〈호가십팔박胡笳十八拍〉의 곡도 이것으로 연주했다.

이욱과 주아황은 혼인하고 나서 이 금을 무척이나 아꼈으며 종종 함께 연주하기도 하며 행복한 나날을 보냈다. 두 사람의 일화 중 이런 이야기가 전해진다. 어느 날 주아황이 이욱과 눈을 맞으며 술을 마시다가 갑자기 잔을 들면서 이욱에게 함께 춤을 추자고 청했다. 이에 이욱이 말했다. "내가 춤추는 모습을 보고 싶으면 그대가 곡을 하나 지어주오." 그러자 주아황은 일말의 망설임도 없이 곧바로 〈요취무파邀醉舞破〉를 쓴 다음, 이어서 〈한래지파恨來遲破〉를 지었다.

여기서 짚고 넘어가야 할 점이 있다. 당나라의 가무를 집대성한 〈예상우의곡霓裳羽衣曲〉이 안사安史의 난 이후에 산실되었는데 백방으로 수소문한 끝에 결국 그 일부를 찾아낸 사람이 바로 이욱이라는 사실이다. 그러나 일부만 남은 악보로는 연주를 할 수가 없었기에 악공들도 어찌할 바를 몰라 애만 태우고 있었다. 이 사실을 안 주아황은 자신이 이해한 바를 바탕으로 악사 조생曹生을 시켜 넣을 부분은 넣고 뺄 부분은 빼면서 차근차근 악보의 빈 곳을 채워나가게 한 끝에 마침내 비파로 전곡을 연주할 수 있게 되었다. 이리하여 개원태평곡開元太平曲은 다시금 세상에 모습을 드러냈다.

그러나 이 무슨 운명의 농간인지, 큰형 이홍기가 중주보다 먼저 죽는 바람에 이욱은 태자의 자리에 오르게 되었다. 주아황과 문예를 즐기며 근심 걱정 없이 살던 이욱은 황위를 계승하는 순간부터 전혀 다른 삶을 살게 된다. 이욱은 등극하자마자 운명적으로 몰락을 향해 걸음을 내디딜 수밖에 없는 '후주後主'의 삶을 시작했다. 스물다섯 살에 남당의 황제가 되었고, 서른아홉 살에 나라가 망해 송태조宋太祖의 포로로 변경汴京에 끌려와 갇혀 살았다. 죄인의 몸이 된 이욱은 지난날의 아름답고 유약하던 풍격을 벗고 망국의 비통함을 솔직하게 토로했다. '차가운 비와 서늘한 바람이 아침저녁으로 괴롭히는 것을 어찌 견딜 수 있겠는가!' '인생은 원래 원망스러운 일이 너무도 많으니, 저 동으로 흘러가는 강물이 쉬지도 않고 끝없이 흐르는 것처럼.'

태평흥국太平興國 3년(978년), 이욱은 삶의 마지막 사인 〈우미인虞美人〉을 지었다.

'봄 꽃 가을 달 언제나 다하려나, 그리운 옛 일은 얼마나 많은가! 간밤에 작은 누각에 또 봄바람이 불었다네. 휘영청 달 밝은 밤 고향 생각에 못 견디겠구나! 아름다운 난간 옥돌 층계는 그대로 있겠거늘 오로지 이 몸만 늙었구나. 묻나니 그대 수심 그 얼마인가? 한없이 동쪽으로 흐르는 봄의 강물 같구나!'

봄의 강물은 끊임없이 동으로 흐르는데 흘러간 것은 낙화처럼 아름다운 옛 추억과 향기요, 가져간 것은 끊을 수 없는 애수구나!

• 후주(後主) : ①뒤를 이은 임금. ②어느 한 왕조의 마지막 군주.

서원아집으로 모인 문인들

'서원아집西園雅集'은 동진東晉의 난정아집蘭亭雅集 이후로 중국 문화사상 가장 유명한 문인들의 모임이었다.

'소동파로부터 아래로 모두 열여섯 사람은 문장으로 의논하고 박학 변식하다. 언변은 훌륭하고 글은 절묘하며 옛것을 좋아하고 들은 것이 많다. 영웅호걸의 절속絶俗한 풍채와 고승과 도사의 걸출함이 빼어나고 고상하여 천하에 이름을 떨친다. (이 그림을) 후에 볼 이는 단지 그림만 볼만하다고 여기는 것이 아니라 (그림이) 그 사람과 꼭 같다고 여기게 하기에 충분하다!' —(송) 미불《서원아집도기 西園雅集圖記》

북송 말, 소식, 소철, 황정견, 진관, 이공린, 미불 등 문인들은 왕선의 집에 있는 정원에서 모임을 가졌다.

'내년에 육운陸雲을 따라가리니, 끝없이 푸르른 창공에 갈매기 두 마리가 묻히는구나.' 소나무, 전나무, 오동나무, 대나무, 작은 다리, 흐르는 물…… 아름다운 정원의 모습을 제대로 그려냈다. 주인과 손님 모두 문아文雅하여 시를 짓거나 그림을 그리거나 석벽石壁에 제시題詩하거나 현금玄琴을 타거나 책을 읽거나 경전에 대해 설하면서 모임을 마음껏 즐기고 있다.

이 자리에 함께한 명사로는 '송대 사대서법가四大書法家' 중 세 사람인 소식, 황정견, 미불을 비롯하여 '소문사학사蘇門四學士'인 황정견, 진관, 조보지晁補之, 장뢰張耒 등이 있었다. 그래서 이공린은 이 같은 모임을 기념하기 위해〈서원아집도〉를 그렸다.

왕선은 재능이 넘치는 소동파에게 경도되어 수시로 소동파를 집에 초청하기도 하고 술, 차, 음식은 물론이고 활과 화살 등 시시때때로 온갖 선물을 보냈다. 소동파가 밀주, 서주로 부임지를 옮겼을 때도 종종 술과 약을 보냈다. 소동파도 자신의 형편이 어려울 때는 왕선에게 돈을 빌려달라고 했는데 왕선은 일말의 망설임도 없이 선뜻 도와주었다.

원풍元豊 2년(1079년) 소동파가 '황제를 비방했다'는 죄로 옥에 갇히면서 왕선, 소철 등을 비롯해 이 모임의 벗들도 연루되어 좌천당했는데 왕선은 소동파 다음으로 중한 처벌을 받았다.

- 난정아집 : 동진(東晋) 시대의 문인이며 서예가로 유명한 왕희지는 회계 산음 서남쪽 난정(蘭亭)에서 여러 명사들과 술잔을 돌리며 시와 그림을 감상하는 정취를 즐겼다. 이러한 모임을 아집이라고 칭하는데, 좋은 계절에 만나 글과 그림을 즐기는 풍속은 왕희지의 난정수계(蘭亭修禊)로부터 비롯되었다.
- 절속(絶俗)하다 : 보통 사람보다 훌륭하고 뛰어나다.
- 문아(文雅) : ①시문(詩文)을 짓고 읊는 풍류의 도(道). ②격에 맞는 멋이 있고 고상하면서 담백함.
- 제시(題詩) : 제목을 붙여 시를 지음.
- 현금(玄琴) : 거문고.
- 소문사학사(蘇門四學士) : 송나라 때 소동파 문하의 네 학사를 가리킨다. 황정견(黃庭堅), 진관(秦觀), 조보지(晁補之), 장뢰(張耒)를 함께 일컫는 말.
- 경도(傾倒) : 온 마음을 기울여 사모하거나 열중함.

시를 지어 여전히 심원을 그리다

남송의 시인 육유陸游의 호는 방옹放翁으로 웅대한 포부를 지녔고 성격이 호방했다. 그러나 그런 방옹도 두 가지만은 마음에서 '내려놓지' 못했다. 그 하나는 적에 맞서 나라를 되찾는 것이고 다른 하나는 전처를 기리는 것이었다.

육유와 사촌여동생 당완唐婉은 죽마고우로 죽이 잘 맞았다. 부부의 연을 맺은 뒤로도 두 사람은 서로를 끔찍이 사랑했다. 육유는 아내를 대신하여 이러한 시를 지은 적이 있다. '제가 비록 우매하나 시어머니를 공경해야 함은 잘 알고 있습니다. 닭이 울면 자리에서 일어나 머리를 빗고 옷을 갖춰 입은 뒤, 대청을 깨끗이 청소하고 부엌에서 음식을 준비하는데 마음 같아서는 싱싱한 채소를 곰발바닥보다 더 맛있게 요리하고 싶습니다.'

당완은 현명한 여인이었으나 이런저런 이유로 며느리를 눈엣가시로 여기게 된 시어머니의 성화에 못 이겨 육유와 헤어져 친정으로 돌아가야 했다. 친정으로 돌아온 지 얼마 지나지 않아 당완의 아버지는 그녀를 조趙씨에게 개가시켰다. 몇 달 뒤, 육유의 어머니도 육유를 다시 혼인시켰다. 상황이 이 지경에 이르니 두 사람도 다시 합칠 수 있으리란 생각을 접을 수밖에 없었다.

몇 년이 흐른 어느 봄날, 육유는 홀로 산음성山陰城 심원을 거닐다가 마침 그곳을 찾은 당완과 그녀의 남편인 조사정趙士程과 마주쳤다. 육유는 서로를 지극히 사랑했던 지난날을 떠올리니 가슴이 찢어질 듯 아팠다. 끊어져버린 인연을 뒤로한 채 자리를 뜨려는데 뜻밖에도 당완이 남편의 허락을 얻어 그에게 술 한 잔을 건네왔다. 눈빛이 마주치는 그 순간, 두 사람의 눈에 슬픔이 차올랐고 하고픈 말이 너무 많아 순간 입이 떨어지지 않았다. 당완이 건넨 술을 받아들기는 하였으나 지금의 육유는 그녀의 손을 마주잡고 마음속에 맺힌 말들을 꺼낼 수 없었다. 아스라한 기억을 떠올리며 이러지도 저러지도 못하는 사이 당완의 모습은 벌써 사라지고 없었다. 아무것도 할 수 없었던 육유는 하릴없이 붓을 들어 담장 위에 천고에 전해지는 〈채두봉釵頭鳳·홍소수紅酥手〉를 적어 내려갔다. 이리하여 '홍소수'는 그의 마음속에서 자라나 사시사철 푸르른 상사수想思樹가 되었고 심원 역시 상심을 부르는 곳이 되었다.

이 우연한 만남이 있고 얼마 지나지 않아 당완은 우울증으로 세상을 떠났다. 그 후 50년 동안, 육유는 괴로운 마음을 가슴 깊이 묻고 글로 감정을 토로했다. 그리고 일흔다섯 살의 나이에 다시금 심원을 찾았을 때도 여전히 심원을 보고 떠오르는 슬픔과 괴로움을 달랠 길이 없어 '끔찍하게 가슴이 아픈 시' 〈심원이수沈園二首〉를 지었다.

'성 위로 해는 지고 피리 소리 구슬퍼라. 심원은 그 옛날의 연못과 누대로 돌아갈 수 없구나. 서로 마음 아파했던 그 다리 아래 봄의 물결은 푸른데, 놀란 기러기처럼 아름답던 그녀의 모습 물 위에 어리네.'

'꿈도 사라지고 향도 잃은 지 어언 사십 년, 심원의 버들도 늙어 버들솜도 날리지 않는구나. 이 몸도 곧 죽어 회계산會稽山 흙이 되겠지만, 그녀가 남긴 자취 찾으며 한없이 눈물 흘리네.'

이후로도 육유는 심원을 추억하는 시를 많이 지었다. 그러나 심원의 옛꿈은 그대로일지라도 옛사람은 가고 없는 것을 어찌할까…….

- 심원(沈園) : 샤오싱(紹興)시 웨청(越城)구 춘보농(春波弄)에 있는 송나라 때의 유명한 원림(園林)이다. 처음 만들어졌을 때는 규모가 굉장히 커 면적이 70무(畝), 약 46,000㎡가 넘었다. 원림 안에는 정자와 누각이 있고 흐르는 시내 위로 작은 다리가 지나며 녹음이 우거져 있어 강남 지방의 풍경을 잘 느낄 수 있다. 심원은 샤오싱의 수많은 전통 원림 중에서 유일하게 오늘날까지 보존되어 있는 송나라식 원림이다.

백의경상 유삼변

유영의 원래 이름은 삼변三變이며 북송 시기의 유명한 완약파 사인이었는데, 글 속에서 자신을 '백의경상白衣卿相'이라고 치켜세웠다. 벼슬길에 나아가기가 쉽지 않아 과거에 낙방한 유영은 온종일 홍등가를 어슬렁거렸다. 번화한 도시와 다정다감한 기녀들 사이에 있자니, 마치 진정 자유로운 삶을 찾은 것만 같았다. 유영은 날이면 날마다 기루를 들락거리며 교방의 악공과 가기歌妓들이 부를 노래에 가사를 써줬다. 그래서 유영의 사에 등장하는 여주인공은 대부분 청루의 기녀 신세가 된 불쌍한 여인들이었다.

송나라인의 기록을 각색한 《유세명언喩世明言·중명희춘풍조류칠衆名姬春風吊柳七》에 유영을 생생하게 묘사한 글이 있다. '유칠은 음률에 가장 정통한 자로 대성부大晟府의 가사를 200여 개까지 늘렸으니 참으로 독보적인 자다. 그도 자신의 재주를 알기에 몹시도 오만해 누구 하나 흡족하게 여기지 않아 벼슬길에는 절대로 나아가지 않았다. 글을 나누는 벗도 없었다. 그저 온종일 기방에 거할 뿐이었는데 동경東京의 수많은 기녀들 중 그를 흠모하지 않는 이 없었고 그를 만나는 것을 영광으로 여겼다.'

유영은 참으로 모순적인 인물이었다. 고상한 문인이 되고 싶어 하면서도 결코 세속적인 삶과 사랑에 대한 미련과 의존을 떨쳐내지 못했다. 그렇게 홍등가의 삶에 취해 있으면서도 공명심은 한시도 잊지 않았다. 유영은 〈학충천鶴沖天〉에서 이렇게 읊었다.

'금빛 이름 쓰인 방榜에 그저 우연히 장원할 기회를 놓쳤을 뿐이네. 정치가 밝은 시대에도 군왕이 현명하고 유능한 인재를 잠시 놓칠 때가 있는 법이니, 앞으로 나는 어이할까? 어차피 좋은 기회를 놓쳤는데 어찌 마음 가는 대로 즐기지 않겠는가! 공명의 득실에 전전긍긍할 필요가 있겠는가? 재자才子 사인詞人은 본디 벼슬길에 오르지 않은 재상이니. 홍등가 안, 울긋불긋 병풍 놓인 여인들의 방. 다행히 그곳에는 내 마음에 품은 이 있어 찾아갈 만하다네. 기녀들을 벗하여 풍류를 즐기며 사는 것이야말로 내 평생 가장 즐거운 낙이지. 젊음도 한때요, 헛된 공명일랑 손 안에서 찰랑이는 술과 나지막한 노래로 바꾸리.'

과거科擧는 실망스러웠으나 사랑은 넘쳐나니 이만하면 되었다라, 참으로 생각이 트인 사람이 아닌가?

출중한 재능을 지닌 유영이 과거에서 낙방한 것은 바로 이 〈학충천〉 때문이었다고 전해진다. 오증吳曾의 《능개재만록能改齋漫錄》을 보면 유영이 '음야淫冶한 노래의 곡을 좋아한다'는 명성이 천하에 퍼져 송인종宋仁宗까지 그에 대해 들었을 정도였다고 한다. 어느 해 과거에서 인종은 유영의 답안을 보고 이렇게 평했다. "그러면 손 안에서 찰랑이는 술이나 맛보고 나지막한 노래나 부르지 어이하여 헛된 공명을 바라는가?" 그리하여 유영의 이름은 급제 명단에서 지워지고 말았다.

그러나 호자胡仔가 《소계어은총화苕溪漁隱叢話》에서 말한 내용은 이와 사뭇 다르다. 어떤 이가 송인종에게 유영을 천거하면서 그의 재주가 놀랍다고 했다. 이에 송인종이 물었다. "혹시 사를 쓰는 유삼변을 말함이오?" 그러자 유영을 천거한 이가 답했다. "그렇사옵니다." 이에 송인종이 말했다. "그냥 사나 지으라 하시오."

그리하여 뜻을 이루지 못한 유영은 날마다 기루를 들락거리며 방탕한 생활을 하였고 스스로를 '황제의 명을 받들어 사를 짓는 유삼변'이라 일컬었다. 하지만 그런 상황에서도 유영은 소탈한 면모를 드러냈으니, 자신을 '황제의 명을 받들어 사는 짓는' 사람이라고 거리낌 없이 떠들고 다니면서 계속 홍등가를 집 삼아 풍류를 즐기며 방탕한 삶을 즐겼다. 그러다 말년에 이르러서야 과거에 급제했다.

- 유칠(柳七) : 유영이 일곱째라 유칠이라 불림.
- 대성부(大晟府) : 음악을 관장하는 기관.
- 동경(東京) : 북송의 수도 변량(개봉)을 이르던 명칭.

어찌 천금이 아까워 웃음을 아끼리

'홍행상서紅杏尚書' 송기宋祁는 북송의 유명한 문학자이자 사학자이며 사인이었다. 그가 봄날을 묘사한 사구는 민간에 널리 전해졌는데 그중에서도 '어찌 천금이 아까워 웃음을 가벼이 여기리'라는 사구에 얽힌 일화는 오늘날까지도 전해지고 있다.

어느 날, 송기는 연회가 끝나 집으로 돌아오는 길에 번대가繁台街를 지나다가 마침 맞은편에서 황가의 행렬이 오는 것을 보고 황급히 한쪽으로 비켜섰다. 이때 수레 안에서 누군가가 조그맣게 그의 이름을 불렀다. 송기가 고개를 들어보니 수레의 발은 내려져 있고 묘령의 궁녀 하나가 그를 향해 방긋 웃고 있었다. 행렬이 지나간 뒤로도 미인의 웃음이 마음을 뒤흔들어 한참 동안 진정이 되지 않았다.

집에 돌아오자마자 송기는 〈자고천鷓鴣天〉을 지었다.

'큰 길을 달리는 화려한 마차 한 대에서 마음에 드는 이와 딱 마주쳤는데 가슴이 미어지는 외마디 외침이 주렴을 가르는구나. 내게 봉황과 같은 두 날개는 없으나 두 사람의 마음은 하나로 이어져있네. 두 사람이 서로의 곁을 지킬 때는 금과 옥으로 지은 집에 사는 것 같고 그들의 집을 찾는 이가 많아 집 앞에 늘 거마로 북적였지. 유랑劉郎은 봉래산蓬萊山이 먼 것을 한스러워했지만 내 님은 그보다 만 배는 멀리 있네.'

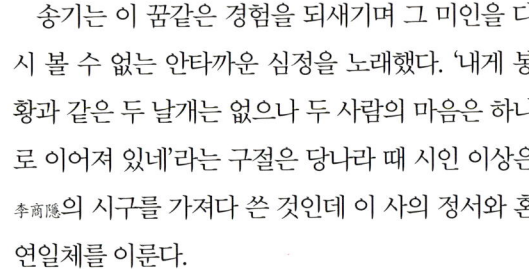

송기는 이 꿈같은 경험을 되새기며 그 미인을 다시 볼 수 없는 안타까운 심정을 노래했다. '내게 봉황과 같은 두 날개는 없으나 두 사람의 마음은 하나로 이어져 있네'라는 구절은 당나라 때 시인 이상은李商隱의 시구를 가져다 쓴 것인데 이 사의 정서와 혼연일체를 이룬다.

송기의 사는 곧바로 개봉 곳곳에서 불리기 시작했고 결국에는 송인종의 귀에까지 전해지게 되었다. 황제는 급히 당시 그 자리에 있던 사람들을 불러 캐물었다.

"몇 번째 마차에서 누가 송기를 불렀느냐?"

마지막에 있던 궁녀가 몹시 부끄러워하며 앞으로 나섰다.

"그때 저희는 시연侍宴에 참석차 가는 길이었는데 한림학사翰林學士를 보고 주위의 대신들께서 저 사람이 바로 송기라고 하셨습니다. 마차 안에 있던 저도 우연히 그를 보고 저도 모르게 이름을 부르게 된 것입니다."

황제는 궁녀의 말에 껄껄 웃으며 곧 송기를 대전으로 불러 이 일을 언급했다. 이에 송기는 황공한 와중에 부끄러움을 감추지 못했다. 인종은 웃으며 송기를 놀려댔다.

"사실 봉래산은 그다지 멀지 않다."

말을 마친 인종은 바로 그 궁녀를 송기에게 보내주었다. 관운이 트여 앞날이 창창할 뿐만 아니라 좋은 글 덕분에 백년가약까지 맺은 송기는 사람들의 부러움을 한 몸에 샀다.

- 홍행상서(紅杏尚書) : 북송의 사인 장선(張先)이 송기에게 붙여준 미칭이다. 송기가 봄날을 묘사한 사는 세인들의 칭송을 받았다. 그가 쓴 〈옥루춘(玉樓春)〉이라는 사에 나오는 '푸른 버들 아침 안개 속에서 하늘거리고 붉은 살구나무 가지 끝에 봄기운이 아우성친다(녹양연외효한경 綠楊煙外曉寒輕, 홍행지두춘의뇨 紅杏枝頭春意鬧)'는 구절이 명구 중의 명구였기에 장선은 그를 '홍행상서'라고 불렀다.
- 주렴(珠簾) : 구슬 따위를 꿰어 만든 발.
- 시연(侍宴) : 대궐의 잔치에 모든 신하가 함께 자리함.

송나라의 여가오락

송나라 때의 꽃

글 。 가루라화익 迦樓羅火翼

대당大唐의 봄날엔 꽃물결이 넘실댔다. 당나라인은 꽃을 사랑했다. 당현종唐玄宗은 아직 꽃망울을 터뜨리지 않은 꽃을 피게 하려고 갈고羯鼓를 두드리며 자신을 만물을 일깨우는 천공天公에 비했으니 이 얼마나 호기로운가! 만만치 않게 예술에 조예가 깊었던 송휘종宋徽宗도 현종만큼이나 꽃을 사랑했지만 그 묘사는 과하지 않았다. 그저 봄의 한복판에서 만끽할 수 있는 아름다운 경치를 종이 위에 영원히 남겨두고자 했을 뿐이다.

예로부터 말쑥하고 느긋한 여유를 아는 이로는 송나라인을 제일로 쳤는데 꽃과 관련된 즐길 거리를 놓쳤을 리 있겠는가? 뜰 밖에서의 송나라인은 생동감 넘치는 그림을 그리는 데 일가견이 있었다. 한림도화원은 북송 초기에 세워졌다. 숭녕崇寧과 대관大觀에서 선화宣和연간에 이르러서는 회화가 과거 과목의 하나가 되기도 하였는데 그중에서도 '화죽花竹'은 주된 그릴 거리였다. 휘종은 그런 화원의 가장 큰 뒷배였다. 그 자신도 화조를 잘 그려 가볍고 부드럽게 날리는 매화 꽃가루며 청초한 동백꽃이며, 흐드러지게 핀 봄꽃의 정취를 붓끝에 담아냈더랬다. 어느 날, 휘종은 전당을 짓는 곳에 가 벽화 장식을 시찰하면서 그림의 명수들이 그린 작품에는 눈길 한번 주지 않고 한 젊은 화가가 그린 가지가 꺾인 월계화를 칭찬했다. 원래 월계화의 꽃잎과 꽃봉오리는 시시때때로 변해 때마다 각기 다른 아름다움을 드러냈는데 이 화가만이 봄날의 정오에 한껏 아름다움을 뽐내는 자태를 그려낸 것이었다. 뭇 꽃들의 화고畫稿를 그리는 데 이 황제와 신하는 가히 지기知己라 불릴 만했다.

황제가 이토록 꽃을 좋아하니 신하고 백성이고 따라 하지 않을 리 없었다. 성당盛唐의 번화함을 이어받은 북송 양주에서는 십 리 가득한 봄바람이 주란朱欄과 은구銀鉤에 불었다. 북송의 재상宰相 채경蔡京은 양주에서 태수직에 있을 때 만화회萬花會를 열었다. 사치스럽고 성대하기로 천하에서 둘째가라면 서러울 이 만화회의 주인공은 바로 작약꽃이었다. 당나라인은 모란꽃을 유독 좋아해 꽃이 피는 시기가 오면 너도나도 꽃구경에 나섰다. 그런데 송나라인은 꽃의 재상宰相이라고 불리는 유약하고 아리따운 작약을 훨씬 더 사랑했다. 양주의 작약은 낙양洛陽의 모란과 함께 꽃 중의 꽃으로 사랑받았다. 두 꽃은 생김새는 비슷했으나 분위기는 천양지차였다. 모란은 극도로 화려하면서 꽃의 왕이라 불릴 만큼 당당한 반면, 작약은 실바람도 못 이길 정도로 가냘프면서 어여쁘고 사랑스럽다. 특히 사월에 한껏 진한 향을 풍기며 만개했을 때는 봄을 떠나보내는 애달픔이 느껴지기에 '남미춘呠尾春'이라고도 불렸으며 이보다 더 애절한 이름으로는 곧 헤어질 것이라는 뜻의 '장리將離'가 있다. 송나라인이 어느 부분에서 아름다움을 느끼는지도 이 이름에서 엿볼 수 있다. 만화회는 화려하고 시끌벅적한 볼거리이기는 했으나 지나치게 백성을 힘들게 하고 재물을 헛되이 쓰는 행사였기에

- 갈고(羯鼓) : 궁중 음악에서 쓰던 타악기를 이른다. 크기와 모양이 장구와 비슷하다.
- 숭녕(崇寧) : 1102-1106년. 송나라의 제8대 황제인 휘종이 사용한 두 번째 연호.
- 대관(大觀) : 1107-1110년. 송나라의 제8대 황제인 휘종이 사용한 세 번째 연호.
- 화고(畫稿) : 대작의 그림을 그리려는 준비로 각 부분을 초벌로 그려 보는 그림.
- 주란(朱欄) : 붉은 칠을 한 난간.
- 은구(銀鉤) : 휘장 따위를 거는, 은으로 만든 고리.
- 만화회(萬花會) : 10만 송이의 작약을 감상하기 위한 모임.

지양주知揚州를 맡은 소동파가 전면적으로 폐지했다.

사실 송나라 때 양주 작약과 관련된 일화는 이뿐만이 아니다. 구양수의 평산당에는 '좌화재월坐花載月', '풍류완재風流宛在'라는 편액이 있고, 강백석姜白石은 '다리 옆의 붉은 작약은 매년 누구를 위해 피는가'라고 하며 나라 잃은 비통함을 노래했다. 또 왕십붕王十朋은 깊은 봄 뭇 꽃들의 아름다움을 비웃음거리로 만들어버리는 양주의 작약을 찬양했다. 심지어 왕관王觀은《양주작약보揚州芍藥譜》를 지은 덕에 붉은색 비의緋衣와 은장銀章을 하사받았다.

작약에 얽힌 이 많은 일화 중에서도 가장 많이 사람들의 입에 오르내린 것은 '네 명의 재상이 머리에 작약꽃을 꽂은 이야기'다. 심괄沈括의《몽계필담夢溪筆談》, 채조蔡絛의《철위산총담鐵圍山叢談》에 이 같은 내용이 실려 있다. 한기韓琦는 경력慶曆 연간에 자정전학사資政殿學士 자격으로 회남淮南을 다스렸다. 어느 날, 후원을 거닐다가 한 줄기에 진홍색 작약꽃이 네 송이나 핀 것을 발견했는데 겹겹이 겹쳐진 꽃잎 한가운데에는 노란색 꽃술도 보였다. 이것이 바로 작약 중에서도 유명한 '금대위金帶圍'인데 꽃의 색이 붉은색 두루마기에 금색 띠를 두르는 재상의 복식과 비슷하여 몹시 귀한데다가 줄기 하나에 꽃이 네 송이나 피는 것도 참 희한했다. 그래서 한기는 꽃을 구경하러 온 왕안석王安石, 진승지陳升之, 왕규王珪와 함께 각기 꽃을 머리에 꽂았는데 훗날 이 네 사람이 모두 재상의 자리에 올랐다. 이때부터 금대위 작약이 활짝 피는 것은 출세할 길조로 여겨졌다. 그래서 양만리楊萬里는 이렇게 읊었다. '모란, 작약, 장미꽃이 관리들의 관모 위에 피었구나.'

여기서 짚고 넘어갈 점은, 송나라 때 남성들 사이에서 머리에 꽃을 꽂는 것이 유행했다는 사실이다. 사실 굴원은 '추란秋蘭을 꿰어서 노리개로 쓴다'고 했고 양梁나라 간문제簡文帝는 '조관朝冠에 꽃을 꽂는다'고 했으며 왕마힐王摩詰은 '머리에 수유茱萸를 꽂는다'고 하는 등, 예로부터 남녀불문하고 머리에 꽃을 꽂아 장식했으나 남성들 사이에서 머리에 꽃을 꽂는 것이 크게 유행한 것은 송나라 때였다. 당시에는 황제와 관리들은 물론이고 저잣거리의 백성들, 심지어 녹림호걸들조차 경쟁적으로 이 유행에 빠져들었다. 양산박梁山泊의 호걸 중, 연청燕靑처럼 준수한 남성이나, 화영花榮처럼 아름다운 남성, 시진柴進처럼 당당한 남성은 그럴 수 있다 치더라도 흉악무도한 악귀처럼 생긴 채경, 초정焦挺 같은 남성까지도 붉은 모란을 귓가에 비스듬히 꽂았다 하니, 오늘날의 시선으로 봤을 때는 괴이하기 짝이 없다.

그러나 곰곰이 생각해보면 꽃과 같이 곱고 어여쁜 것을 멀리해야만 드러낼 수 있는 이른바 '남성다움'은 정말이지 믿음직스럽지 않다. 아름다운 것은 성별의 제한을 받지 않는 법이다. 이런 점에서 송나라인은 그것을 포용할 만한 기개와 풍격이 있었다.

백자희춘 새해맞이

중국 전통 문화에서 '백자百子'는 특별한 의미가 있는 말이다. '백百'은 '크다' 또는 '무궁하다'는 뜻으로 축복하거나 축하한다는 염원이 극한으로 내포되어 있다. 그래서 예의의 나라인 고대 중국에서는 위로는 황제, 사대부부터 아래로는 평범한 문인과 평민에 이르기까지 새해와 같이 중요한 제사나 경사스러운 일이 있을 때는 항상 '백'자를 사용했다.

기나긴 역사 속에서 역대 왕조들의 새해맞이 풍속은 갈수록 다채로워졌는데 송나라 때 '설날'의 흥취는 더욱 깊어졌다.

송나라 오자목吳自牧의 《몽량록夢梁錄·정월正月》에 보면 항주 거리에서는 '음식, 생활용품, 관소冠梳, 영말領抹, 단자緞子, 꽃, 장난감 등을 가지고 집집마다 다니며 관박關撲을 하라고 외친다. 부유한 자든 가난한 자든 온종일 도교 사원, 불교 사찰을 구경 다닌다. 집집마다 먹고 마시며 웃고 떠드는 소리로 시끌벅적하다.'

그중에서도 가장 인기를 끈 것은 '사자탈춤' 공연일 것이다. 베이징 고궁박물원故宮博物院에 소장된 《백자희춘도百子嬉春圖》는 남송의 화가 소한신蘇漢臣이 그렸다고 전해진다. 그림을 보면 아이들 100명이 삼삼오오 짝을 지어 사자와 놀면서 봄을 맞이하는 춤을 추는 장면이 그려져 있다.

한편 '사자춤'에 관한 최초의 기록은 삼국시대 위나라인 맹강孟康의 《한서漢書·예악지禮樂志》에서 찾아볼 수 있는데 주석에 보면 '상인象人은 지금의 희하어사자戲蝦魚師子 같은 것'이라고 했다. 송나라 때는 사자탈춤이 굉장히 성행했으며 아이들은 잔뜩 신이 나서 사자춤을 따라 췄다. 이 시기의 사자춤은 무예에 치중했기에 대개 격투와 결합된 공연이었다. 공연을 할 때 위엄이 넘치고 용맹한 분위기를 극대화시키기 위해 때로는 사자 입에서 불을 뿜는 기예를 선보이기도 했다.

- 관소(冠梳) : 머리 장신구
- 영말(領抹) : 의복 가장자리 장식.
- 단자(緞子) : 비단.
- 관박(關撲) : 관도(關賭)라고도 부른다. 일반적으로 물건을 상품으로 걸고 하는 도박으로 오늘날의 풍선 터뜨리기, 고리 던지기 같은 놀이와 비슷했다. 관박에 참여한 양측은 먼저 가격을 정해두고 질항아리나 땅바닥에 동전을 던져 동전의 앞뒷면에 따라 승부를 가렸다. 이긴 사람은 돈으로 환산을 하거나 자기가 걸었던 물건을 그냥 가져갔다. 송나라 때는 '정월 설 명절에는 개봉에서 사흘 동안 관박을 허했다.'
- 상인(象人) : 물고기, 뱀, 사자 등을 흉내내는 예술인을 말한다. 분장을 하거나 동물의 가면을 쓰고 가무를 하였다.

원소절 꽃등에 봄이 깊어 가네

송나라 때 가장 왁자지껄했던 명절을 꼽으라면 정월대보름 원소절을 빼놓을 수 없다. 달구경, 폭죽놀이, 초롱에 수수께끼 문답 넣기 등등 정월보름에 하는 놀이가 어찌나 많은지 참으로 떠들썩한 명절이었다.

그중에서도 관등놀이는 원소절에 행해지는 수많은 놀이 중에서 가장 화려하고 재미났다.

'봄바람 부는 밤, 천 그루 나무에 꽃이 핀 듯 수많은 등불이 걸렸네. 송이송이 떨어지는 불꽃, 비처럼 내리는구나. 귀하고 화려한 마차, 거리에 가득하네. 통소 소리 울리고 옥항아리 같은 달빛 구르니 밤새 어등魚燈, 용등龍燈이 춤을 추는구나.' 신기질이 지은 〈청옥안靑玉案·원석元夕〉은 송나라 때 원소절 관등놀이가 얼마나 성대했는지를 생생히 보여준다.

송휘종 때, 변경의 원소절은 더할 수 없이 성대해졌다. 음력 섣달부터 화등을 밝히기 시작했고 황성 안 일부 궁전도 백성들이 구경할 수 있도록 개방했다. '황성의 경룡문景龍門은 옛날의 산조문酸棗門이다. 좌액문左掖門의 동쪽으로부터 성 남북길을 끼고 북쪽으로 경룡문에 닿는다. 음력 섣달 15일부터 등을 켜고 사람들이 밤에 구경하면서 돌아다니도록 했다.'

원소절도 낭만적인 명절로 오늘날의 밸런타인데이와 다를 바 없었다. '달은 버드나무 끝에 올랐는데 그는 해가 진 다음에 나와 만나기로 약속했지'라는 시구처럼 젊은 남녀는 달 밝은 밤, 아름다운 풍경 속에서 사랑을 속삭였다. '왕손공자들이 등롱燈籠을 보고 환호성을 지르며 미인들을 데리고 곳곳으로 구경 다닌다. 경루 소리가 시간을 재촉해 수탉이 계속 울어대는데도 다들 아직 흥이 식지 않는구나.'

쇼핑은 이런 원소절 분위기를 더욱 뜨겁게 달궜다. 사람들의 주머니를 연 것은 아름다운 꽃등이었다. "길가와 찻집에 꽃등을 늘어놓고 손님을 기다렸는데 이를 '등시燈市'라고 불렀다. 그때부터 저녁마다 늘 그런 광경이 벌어졌다." 꽃등은 그 모양도 가지각색이었지만 얼마나 품을 들였는지 정교하기가 이를 데 없었다. 이 중 무골등無骨燈은 '유리구슬과 똑같았고' 주마등走馬燈은 '말이 사람을 태우고 날듯이 선회했다.' 그밖에도 '대병大屛'이라는 이름의 거대한 등이 있었는데 '물을 대서 기계를 돌리면 만물이 움직인' 이 등은 수력을 이용해 등을 움직였다.

관등놀이가 끝나고 등을 거둬들인 뒤에도 원소절의 왁자지껄한 분위기는 잦아들지 않았다. 사람들은 여전히 성을 나가 여행을 즐겼다. 북송 시기, 개봉에서는 '등을 다 거둬들여도 사람들이 앞다투어 성을 나가 봄나들이를 즐겼다.' 남송 때도 마찬가지로 '도성에서 등을 거둬들인 뒤에 귀족들이 앞다투어 야외로 나가는데 이를 일러 탐춘探春이라 했다.' 개봉성 밖의 산천, 항주의 서호西湖에는 '탐춘'을 즐기는 송나라인의 발길이 끊이지 않았다.

- 등롱(燈籠) : 등 종류 중에 하나. 대오리나 쇠로 살을 만들고 겉에 종이나 헝겊을 씌워 안에 등잔불을 넣어서 달아 두기도 하고 들고 다니기도 한다.
- 경루(更漏) : 물시계.
- 탐춘(探春) : 봄나들이를 가다.

청명에는 교외로 봄나들이를 가자

청명절은 답춘절踏春節이라고도 하며 봄이 한창이던 데서 늦봄으로 넘어가는 시기에 있다.

송나라 때는 청명절 연휴가 이레나 되었다. 삶을 제대로 즐길 줄 알았던 송나라인에게 짧다면 짧고 길다면 긴 이 연휴는 산천을 유람하면서 봄을 즐기기에 더할 나위 없이 좋은 기회였다. 화창한 날이면 사대부고 평민이고 할 것 없이 변경 안에 사는 사람은 모두 가까운 벗들과 함께 새로 빚은 술과 증편, 과일, 간식, 놀잇감을 가지고 성 밖으로 나들이를 갔다. 변경 교외는 봄볕이 따사롭고 만물이 소생하여 풍경이 멋들어져서 저잣거리처럼 시끌벅적했다. 봄나들이를 나온 사람들은 '종종 향긋한 나무 아래나 식물원, 동물원 사이에 잔과 그릇을 늘어놓고 서로 술을 권했다. 도성의 가인歌人과 무녀舞女들이 정원 여기저기에 가득하였으며 저녁이 되어서야 집으로 돌아갔다.' 변경의 청루 기녀들도 이 같은 봄 풍경을 헛되이 흘려보내지 않았다. 그들은 말이나 나귀를 타고 '흰색 편복을 걸치고 개두蓋頭를 관자冠子 뒤쪽에 매고' 봄나들이를 나섰다. 젊은 풍류남아들은 '말을 타고 말쑥한 저고리에 소모小帽를 쓰고' 아름다운 여인들의 뒤를 따르며 봄빛을 좇았다. 양가집 규수와 가난한 집의 고운 딸들도 가만히 있을 수는 없었다. 하나같이 곱게 화장하고 어여쁘게 차려입고는 봄나들이를 갔다. 평범한 백성들보다 사대부 가문의 여인들은 한번 나갈 때도 대충 나가지 않았다. '여전히 귀족 가문 사대부 여인들은 작은 가마에 꽃을 꽂고 발을 내리지 않았다.'

'푸르른 버드나무 그늘 밖에 준마를 매어두고 귀족 자제들은 술에 잔뜩 취했네. 물가의 꽃 곁에서 고운 비단 부채를 쥐고 있는 여인들은 즐겁게 놀고 있구나.' 이것은 송나라인이 청명절에 금명지에서 노는 사람들을 묘사한 시구다.

이 같은 풍경을 노래한 동요도 있다. '정월에는 꽃등, 2월에는 연, 3월에는 성묘 가는 배에 탄 교교姣姣를 본다.' 여기서 '교교'는 젊은 여인을 가리킨다. 정월 원소절에는 꽃등을 구경하고 2월에는 연 날리기를 구경하고 3월에는 교외에 나가 봄나들이를 나온 여인들을 구경할 수 있다는 뜻이다. 눈부신 산천을 구경하고 작은 가마에 꽃을 꽂은 가인들도 볼 수 있으니, 역시 봄바람은 참으로 좋구나!

오전에 나들이 갔다가 돌아올 때는 변하 양쪽 강변에서 맛있는 먹거리도 실컷 먹을 수 있었다. 장택단張擇端이 그린 〈청명상하도〉에서 묘사한 것이 바로 이날의 떠들썩한 풍경이었다. 이 시기의 먹거리는 그야말로 없는 것이 없었다. 일단 '한구寒具'가 있었는데 한구는 기름에 튀긴 꽈배기를 말했다.

그다음으로 청단靑團이라는 음식이 있는데 이것은 강남 일대의 전통 간식으로 쑥의 즙을 짜서 찹쌀가루를 반죽한 다음, 팥소나 연밥소를 넣은 것인데 달지도 않고 느끼하지도 않으면서 담백하고 쑥향이 오래가 청명절 봄나들이를 갈 때는 반드시 준비해야 하는 간식이었다. 이밖에도 맥죽이라고 부르기도 하는 보리떡 '맥고麥糕'와 '물엿(맥아당)' 등 다양한 먹거리가 있었다.

어쩐지 송나라는 시나 그림에 정취가 가득하고 유유자적한 시대였다고 하더니, 송나라인은 떠들썩한 분위기를 좋아하고 인생을 제대로 즐길 줄 알았다. 고인에 대한 그리움으로 가득해야 할 성묘 날에 정신 나간 사람들처럼 웃고 떠들며 즐기다니, 과연 송나라인답다!

- 개두(蓋頭) : 얼굴과 어깨를 가리는 장옷.
- 관자(冠子) : 부녀자가 썼던 모자.

투초

투초鬪草는 '투백초鬪白草', '투화鬪花'라고도 했다. 투초는 한나라 때 시작되었는데 당나라 때부터 투초가 점차 성행하기 시작하여 전통놀이가 되었다고 전해진다.

당나라의 투초는 원래 단옷날 풍속이었다. 사람들은 단오에 교외로 산책을 나갔다가 돌아오는 길에 온갖 화초를 채집해 풀이 얼마나 희귀하고 질기며 기이하고 특이한지를 겨루거나 화초의 이름을 맞히는 시합을 했다. 송나라 때의 투초 열기는 당나라 때에 비해 과하면 과했지 결코 덜하지 않았다. 단옷날 외에도 청명절이나 봄철 내내 투초 시합이 벌어졌다.

투초는 다시 '문투文鬪'와 '무투武鬪'로 나뉘었다. '문투'는 화초에 관한 지식을 겨루는 것으로서 누가 더 많이 알고 있는지로 승부를 가렸다. '무투'는 각기 질긴 풀을 뜯어와 두 풀을 열십+자 모양으로 교차해 힘껏 당겨서 끊어지지 않는 쪽이 승리하는 시합이었다. 투초에 쓰이는 풀은 대개 질긴 풀의 줄기와 꽃대였는데 가장 흔히 쓰인 풀은 차전초車前草였다.

투초는 즐기는 데 특별한 시설이 필요하지 않고 풀밭에서 곧바로 재료를 얻을 수 있었기에 간단하면서도 아무렇게나 할 수 있는 놀이였다. 아이들뿐만 아니라 어른들도 투초를 즐겼다.

당나라 때 시인 최호崔顥는 〈왕가소부王家少婦〉에서 '심심해서 투초를 하는데 몸단장도 하지 않네'라고 했다. 시는 왕가 젊은 여인들의 정취가 가득한 삶을 노래했는데 한가할 때 투초를 하는 정경이 종이 위로 생생하게 떠오르는 듯하다.

안수晏殊는 〈파진자破陣子〉에서 봄날의 아름다운 풍경을 이렇게 묘사했다.

'제비가 날아오는 때는 토지신에게 제사 지내는 때이고, 배꽃이 떨어진 후에는 청명이다. 연못 안 맑은 물에 푸른 이끼 점점이 보이고 꾀꼬리의 지저귐이 나뭇가지 사이를 맴도는데 버들솜이 날아다니는 것만 보이는구나. 뽕잎 따는 길에 우연히 어여쁘게 웃는 이웃 여자아이를 만났네. 어쩐지 어젯밤 춘몽이 좋더라니 오늘 투초를 해서 이길 징조였구나! 두 뺨에 절로 웃음이 떠오르네.'

유영은 〈목란화만木蘭花慢〉에서 더욱 생생한 시구를 남겼다.

'어여쁘구나. 투초하며 즐거워하는 묘령의 여인이여.'

이 시는 백화가 만발하고 봄볕이 눈부신 어느 날, 어여쁜 여인들이 투초 시합을 하며 노는 정경을 묘사했다.

• 차전초(車前草) : 질경잇과에 속한 여러해살이풀.

낙양의 정원에서 꽃구경에 빠지다

송나라 때의 낙양洛陽에서 가장 출중한 것을 꼽으라면, 하나는 정원이고 다른 하나는 모란이다.

송나라인은 이렇게 말했다. "낙양은 고대 제국의 도성으로, 어떤 이는 한당 시대의 옷차림에 익숙하고 집에 정원과 연못을 만들고 누대를 짓고 초목을 심어 사시사철 두루 보며 즐겼다." 당나라 때 낙양은 제2의 수도였기에 귀족과 관료들은 이곳에 수많은 원림을 조성했다.

그렇다면 과연 낙양에는 얼마나 많은 원림이 있었을까? 이청조의 부친 이격비李格非는 《낙양명원기洛陽名園記》에서 이렇게 말했다. '당나라 정관貞觀, 개원開元 연간, 공경귀족 중에 동도東都에 저택을 지은 자가 천여 명이나 되었다.' 당나라 때 낙양에 원림을 갖춘 집은 천여 호가 넘었지만 오대五代를 거치면서 전쟁의 불길 속에 대부분 파괴되었다가 북송에 이르러 다시 복원하여 수백 호에 이르렀다.

한때 낙양에 머무른 적이 있는 어떤 송나라인은 이렇게 말했다. '큰 저택의 훌륭한 정원 100곳 중 십수 곳을 아직도 구경하지 못했고 10가지 기화요초 중 아직 보지 못한 것이 네댓 개나 된다.' 이 원림들은 대부분 당나라 때 장원의 원림을 기초로 하였으나 기존의 원림과 다른 점이 있었다. 바로 원림이 집과 분리되어 단독으로 존재하며 관료와 부호들이 휴식을 취하면서 구경하고 연회와 오락을 즐기는 용도로만 쓰였다는 점이다.

이격비의 《낙양명원기》에 19개 명원에 대한 구체적인 기록이 있다. 그중에는 화원花園, 휴식과 오락 용도로 쓰인 유게원游憩園, 택원宅園이 있는데 하나같이 저마다의 개성이 뚜렷했다. 천왕원화원자天王院花園子, 귀인원歸仁園, 이씨인풍원李氏仁豊園은 화원식 원림에 속했고 동씨서원董氏西園, 동씨동원董氏東園, 유씨원劉氏園, 총춘원叢春園, 송도松島, 동원東園, 자금대장씨원紫金臺張氏園, 수북호씨원水北胡氏園, 독락원獨樂園, 여문목원呂文穆園은 유게원에 속했다. 그리고 부정공원富鄭公園, 환계環溪·왕개부택원王開府宅園, 묘사원苗帥園, 조한왕원趙韓王園, 대자사원大字寺園, 호원湖園은 택원이었다.

명원에는 당연히 멋진 풍경이 있었다.

낙양 백성들은 대부분 꽃을 좋아했다. 봄만 되면 돈이 있는 자든 없는 자든 모두 꽃을 꽂았다. 멜대를 메고 막일로 생계를 잇는 자들도 예외가 아니었다. 꽃이 필 때면 사대부와 일반 백성들이 앞다퉈 봄나들이를 가고 꽃을 감상했다. 정자와 누대, 연못이 있는 오래된 사원이나 폐가가 된 저택에 종종 임시로 시장을 만들어 장막을 쳤는데 연주와 노랫소리가 근처까지 들렸다.

여러 정원 중에서 천왕원화원자는 모란정원이었다. 연못도 정자도 없이 모란만 10만 그루가 심겨 있었다. 그랬으니 모란꽃이 활짝 필 때, 정원이 얼마나 아름다운지는 더 말할 필요도 없었다. 이처럼 꽃을 감상할 목적으로만 지은 원림은 중국의 고전 원림 중에서도 매우 드물었다.

비록 이 원림들이 대부분 개인의 소유이기는 하나 송나라 때의 사택 원림에는 한 가지 관례가 있었다. 바로 일 년 내내 또는 정기적으로 외부에게 공개하는 것이었다.

개방 기간에는 누구나 내키는 대로 들어가 구경할 수 있었다. 평범한 백성도 주인에게 쫓겨날 걱정 없이 마음 편히 구경할 수 있었다.

- 낙양(洛陽) : 한나라, 당나라의 옛 도읍으로 역대 유명한 원림이 모여 있는 곳이다. 공경귀족이 조성한 저택, 원림이 굉장히 많아 중원 지역 사택 원림의 일반적인 정경을 대표하기에 충분했다. 당시에는 '세상에서 가장 좋은 절기는 한식이고 천하에서 가장 이름난 원림은 낙양이다', '귀족 저택에 천하에서 많은 원림을 지어 구경한다', '낙양 각 공경대신의 원림은 천하제일이다'라는 말이 있었다.

- 동도(東都) : 낙양을 이름.

이날의 즐거움은 모두 춘사의 신에게 바치는 것이니

옛날, 토지신에게 제사를 올리는 날을 사일社日이라고 하였다. 원래는 봄철과 가을철에 각각 춘사春社와 추사秋社를 지냈으나 후대로 가면서 계절마다 한 번씩 지내기도 하였다. '사방팔방에서 들려오는 웃음소리가 커다랗고 오래된 떡갈나무를 마치 봄바람처럼 에워싸네. 이날의 즐거움은 모두 춘사의 신에게 바치는 것이니. 고기를 나누고 기와조각으로 점을 치는 풍속도 여전하지만 이보다 더 즐거운 것은 귀밝이술을 마음껏 들이키는 것이니, 그 시끌벅적한 소리로 귀머거리의 귀까지 트여준다네.' 이 시문에서 묘사한 것이 바로 춘사의 정경이다.

입춘立春 후 다섯 번째 무일戊日이 춘사일이다. 옛날에는 마을 단위로 토지신에게 제사를 올리며 풍작을 기원했다. 토지신에게 제사를 올릴 때는 먼저 토지신의 사당을 짓는다. 토단土壇 위에 돌을 쌓아 지붕 없는 집을 지어 그 위에 '사직社稷의 신'이라는 글자가 쓰인 붉은 종이를 붙인다. 제사를 지낸 다음에는 제물로 바친 고기를 사방에 뿌려 까마귀들도 맛볼 수 있게 한다.

《형초세시기荊楚歲時記》에 보면 다음과 같은 내용이 있다. '사일에는 사방의 이웃 종친들이 모여 토지신에게 제사를 올린다. 제물로 바친 소를 잡고 나무 아래 집을 짓고 신에게 제사를 드린 후, 제사에 쓴 고기를 나누어 먹는다.'

사일에는 사반社飯을 먹는 풍속이 있는데 민간에서는 이를 '과사過社', '란사攔社' 등으로 불렀다. 무일은 오행 중 토土에 속하므로 이날은 토지신에게 제사를 지내 한해 일이 순조롭게 풀리고 오곡이 풍작을 이루고 가정이 화목하기를 기원했다. 이날 사람들은 사묘社廟에 모여 토지신에게 사주社酒, 사육社肉, 사반社飯, 사면社麵, 사고社糕, 사죽社粥 등 풍성한 음식을 바쳤다. 제사가 끝나면 모두 함께 음식을 나눠먹었다.

북송《동경몽화록東京夢華錄》에 보면, 개봉 일대에서 춘사일에 준비한 음식이 상세히 기록돼 있다. 예를 들어 돼지고기와 양고기, 콩팥, 유방, 오리전병, 월과와 생강 등을 잘 섞어 밥 위에 올린 것을 사반이라 하여 손님을 대접할 때 내놓았다.

'둥둥 큰북소리 울리고 필릴리 생황소리 흐르는데 늙은 무당이 녹빛 제복을 갖춰 입고 괴목槐木으로 만든 홀笏을 들고 서있다. 어린 무녀가 수놓인 붉은 치마저고리를 입고 하늘하늘 춤을 춘다. 오구자 초가 사방을 환히 밝히는 가운데, 제사 음식을 만드는 부엌에서 내온 잉어와 갓 지은 쌀은 참으로 정갈하구나. 늙은 무당은 앞에서 축문을 읽고 어린 무녀는 술주전자를 안고 있네.

바라옵건대 신명께서 오랫동안 즐거움을 누리시며 이곳의 오곡백과가 풍성하게 영글어 수레마다 가득 차게 해주시옵소서. 소와 양이 저녁이 되면 집으로 돌아와 집안에 가득 차게 해주시옵고 닭과 오리가 새끼를 잔뜩 낳게 해주시고 해마다 곡식을 가득 내려 주시고 조세를 면하게 해주시옵소서. 형벌이 가해지지 않게 해주시옵고 옥사가 죄인 하나 없이 텅 비게 해주시옵소서. 허수아비도 관원 일을 맡을 수 있고 나무인형도 옥리가 될 수 있고 공문조차 필요 없게 해주소서.

풍토와 인심이 순박하고 소박하여 새끼로 매듭을 지어 일을 기록하는 것조차 않는 먼 옛날 복희伏羲의 시대로 돌아간 듯하니, 다른 것은 말에 무엇하랴! 신명이 돌아가니 거나하게 취한 무리들이 서로를 부축하며 흩어진다. 밤이 깊었는데도 사람들은 여전히 길가에서 노래하고 춤을 춘다.'

육유의 이 〈새신곡賽神曲〉은 춘사일에 토지신에게 제사를 올리는 장면을 생동감 넘치게 묘사했다. 오구자烏桕子로 만든 초가 제상을 환히 밝히고 그 위에 맛있는 냄새가 진동하는 잉어가 놓여 있다. 북과 생황 소리가 들리는 가운데, 무당이 녹색 관복을 입고 괴목으로 만든 홀을 들고 토지신에게 기도를 올리고 어린 계집아이는 붉은 저고리에 녹색 치마를 입고 그 곁에서 술주전자를 안고 있다. 사람들은 풍성한 음식을 맛있게 먹으면서 토지신의 은덕을 마음속 깊이 새긴다.

개봉 금명지에서 수희를 구경하다

금명지는 북송 시기 유명했던 별원으로 서지西池, 교지教池라고도 불렸다. 둘레는 9리里 30보步요, 그 안에는 세 개의 아치형 다리 선교仙橋가 있는데 난간은 붉게 칠했고, 교각은 기러기떼가 열을 지어 날아가는 것 같은 형상을 이룬다. 중앙이 위로 불룩 솟아 있어 낙타봉이라고 불리며 멀리서 보면 세 개의 무지개가 뜬 것처럼 보인다. 다리가 끝나는 곳에는 다섯 개의 전각이 서로 이어져 있는 보진루寶津樓가 물 한가운데 있고, 웅장하고 화려한 전각들과 기화요초, 기암괴석, 진귀한 동물들, 선거船渠와 부두, 용선龍船과 전선戰船 등 없는 것이 없었다. 처음에 금명지는 후주後周 때 수군을 훈련시킬 용도로 조성되었으나, 정화政和 연간 송휘종이 못 안에 전당을 지으면서 황제가 봄나들이를 즐기고 수희水戱를 감상하는 곳이 되었다.

매년 3월에는 백성들이 구경할 수 있도록 출입을 허락했다. 경성에 사는 백성들이 너도 나도 금명지로 봄나들이를 가는 통에 이때만 되면 황실 원림 금명지로 가는 길은 늘 인산인해를 이뤄 '사대부며 평민이며 너 나 할 것 없이 찾아가 놀았으며 수레와 말이 셀 수 없이 많았다.'

금명지 안 곳곳에 연근이 심어져 있어 장마가 이어지는 밤이면 사람들은 이곳을 찾아 빗방울이 연잎을 두드리는 소리를 감상했다. 비가 그치고 날이 개면 만물이 새로 태어난 듯 맑고 깨끗해져 또 다른 정경을 감상할 수 있기에 '금지야우金池夜雨, 금명지에 내리는 밤비'라는 말이 있을 정도였다. '버드나무가 수면에 닿을 만큼 늘어져 있고 무성한 덩굴은 마치 연무처럼 강둑을 뒤덮고 있다.'

금명지 서안西岸은 고즈넉해 물가에서 낚싯대를 드리운 나들이객들을 많이 볼 수 있었고 동안東岸에는 임시로 세운 천막이 있어 백성들이 이곳에서 수희를 구경할 수 있었다. 수희 공연에는 수전水戰, 백희百戱, 경도競渡, 수괴뢰水傀儡, 수추천水秋千, 용선 시합 등이 있었다. 금명지 수희는 매년 봄철에 정기적으로 한 번씩 거행되었는데 송나라인들은 이를 못을 연다는 의미로 '개지開池'라고 불렀다. '백희'는 수군이 선보이는 여흥거리로 '큰 깃발로 펼치는 춤, 사자 공연, 칼 삼키기, 등나무 방패 공연, 귀신 분장 공연, 잡극 등'이 있었다. '경도'는 수영 대회와 비슷했고 '수괴뢰'는 물 위에서 펼치는 꼭두각시인형극이었다. 송나라 때의 꼭두각시인형극은 수준이 매우 높았다. 인형사는 꼭두각시인형을 조종해 못 위에서 노 젓기, 낚시하기, 공차기, 춤추기 등 다양한 공연을 선보였다.

《동경몽화록》에 다음과 같은 내용이 있다. '작은 배 1척이 있는데 그 위에는 작은 채루彩樓가 설치되어 있고 아래에는 세 개의 작은 문이 있어서 마치 인형극무대 같은데 물 쪽을 향하고 있다. …… 채붕彩棚의 가운데 문이 열리면서 조그만 꼭두각시인형이 나온다. 작은 배 위에는 흰 옷을 입은 사람 인형이 낚싯대를 드리우고 있고 그 뒤로 아이 인형이 삿대를 들고 배를 젓는다. 배가 몇 바퀴 돌면 참군參軍이 말을 하고 악대는 음악을 연주하며 배 위의 인형이 낚시에 살아 있는 작은 물고기 한 마리를 낚아 올린다. 악대가 또 음악을 연주하면 작은 배는 채붕 안으로 들어간다. 이어서 다른 인형이 나와 공을 쌓아놓고 춤추면서 도는 종류의 모습을 보여 주는데, 이 역시 각각 치어致語에 맞게 화답하면서 음악이 연주된다.' 장택단張擇端의 또 다른 그림인 〈금명지쟁표도金明池爭標圖〉에도 수괴뢰 공연 장면이 그려져 있다.

- 선거(船渠) : 선박의 건조 및 수리, 배에 짐을 적재하고 내리기 위한 설비.
- 용선(龍船) : ①뱃머리를 용의 형상으로 장식한 배 ②임금의 놀잇배
- 수희(水戱) : 물에 배를 띄워 놓고 가면 놀이, 곡예, 요술 따위의 온갖 연희(演戱)를 여는 것을 이른다.
- 괴뢰(傀儡) : 꼭두각시 인형. 송나라 때는 주로 줄인형, 막대인형, 물인형, 화약인형, 사람의 모습을 본떠 만든 육신인형, 이 다섯 가지 인형극이 유행했다.
- 수추천(水秋千) : 배에 설치된 그네를 타다가 물속으로 뛰어드는 것.
- 채붕(彩棚) : 나무를 엮어 비단 장막으로 덮은 누각 형태의 무대.
- 동경몽화록(東京夢華錄) : 중국 남송시대 맹원로(孟元老)의 저서. 소흥17년(1147년) 간행되었으며, 북송 시기를 살았던 맹원로가 금나라 군대의 남침으로 강남 지역으로 내려와 말년에 옛 고향을 회상하며 저술한 책이다. 북송의 수도인 개봉(=동경)의 볼거리, 궁정의식, 음식, 민속, 풍습과 같은 당시의 사회상을 담아내면서 송나라의 역사, 문화를 생생하게 기록하였다.
- 참군(參軍) : 중국 당나라 때에, 배우가 벼슬아치로 분장하던 사람.
- 치어(致語) : 경사가 있을 때 임금에게 올리던 칭송의 글 또는 악공이 임금에게 올리는 송축사.

벗과의 약속 장소는 찻집

송나라인은 '사람에게 매일 없어서는 안 되는 것으로 장작과 쌀, 기름, 소금, 장, 식초, 차가 있다'고 했다. 그 정도로 송나라인에게 차를 마시는 것은 하루도 빼놓을 수 없는 일이었다.

남송에 장약재張約齋라는 선비가 있었는데 《장약재상심락사張約齋賞心樂事》에서 1년 사시사철에 하기 딱 좋은 즐거운 일들을 열거했다. 그중 3월에는 '작은 집에서 새로 나온 차를 겨루었고' 11월에는 '회복루繪福樓에서 눈을 감상하면서 깨끗한 눈물을 모아 차를 끓인다'고 하였는데, 계절에 따라 전문적인 곳에서 차와 관련된 다양한 활동을 했다.

당시 문인들의 모임에서 차를 즐기는 것은 빼놓을 수 없는 부분이었다. 정기적으로 '다회茶會'에 참여하는 사대부도 매우 많았다. 이들은 벗들을 청해 정결한 곳을 골라 차를 맛보고 차 대결을 했다. 소식은 이 정경을 '선방의 창문 아래, 화창한 정오의 풍경, 촉정蜀井의 빙설처럼 달고 시원한 우물물, 마음이 통하는 손님들, 깔끔하기 그지없는 다기'라고 읊었다. 이는 그가 양주揚州 석탑사石塔寺에서 다회에 참가했을 때의 상황을 말한 것이다. 송휘종의 〈문회도축文會圖軸〉도 문인학사들이 정원에서 차 모임을 갖는 정경을 묘사했는데 휘종이 몸소 차를 우려 대신들에게 대접한 일도 많았다.

문인들의 고아한 다회에 비해 **다방**茶房은 송나라의 브로드웨이 같았다. 차, 강담講談, 음악, 모임, 공연 등 다채로운 활동이 이루어졌다. 오자목의 《몽량록》에 보면 임안 '곳곳에 다방이 있다'고 하였는데 그의 말처럼 칠랑다방七郎茶房, 주고루다방朱骷髏茶坊, 곽사랑다방郭四郎茶坊, 장칠상간다방張七相干茶坊, 황첨취축구다방黃尖嘴蹴球茶坊 등 수많은 다방이 문을 열고 손님을 맞았다.

청아한 다방은 사대부가 '친구들과 모이는 곳'이었고 고급 다방은 '부호의 자제들과 관리들이 일이 끝나면 모여 악기를 익히고 노래를 배우는 곳'이었으며 대중적인 다방은 '여러 업계의 일꾼들이 모이는 곳'이었다. 그 외에도 '다방에 기녀들을 둔 곳은 화다방花茶坊이라고 불렸는데 군자들이 머물만한 곳이 아니었다.'

송나라 때의 다방은 벗들과 모임을 갖고 공연을 구경하는 것 외에도 함께 축구를 하며 놀거나 축구 경기를 구경하고 바둑 도박까지 할 수 있었다. 위에서 말한 항주성의 '황첨취축구다방'은 손님들이 축구를 하거나 축구 경기를 구경할 수 있게 시설을 갖춰둔 곳이었을 것이다.

이밖에도 송나라 때는 '투다鬪茶' 풍속이 있었는데 여러 다기를 늘어놓고 물을 끓여 차를 우리며 누구의 찻잎과 찻물이 뛰어난지, 누구의 다도茶道가 고명한지를 겨뤘다.

송나라 때의 다사에서는 차뿐만 아니라 다양한 음료를 마실 수 있었.

송나라의 다사는 시대의 축소판이었다. 이곳에는 문인들의 고아함도 스며 있었으나 세속적인 삶도 엿볼 수 있었다. 이곳에서 벌어지는 다채롭고 시선을 사로잡는 오락 활동이 사람들의 마음을 사로잡았기 때문에 다사는 송나라인들이 '날마다 그곳에 거하며 저녁이 되어도 돌아갈 줄을 모르는' 사교장이자 오락의 장소가 될 수 있었다.

• 다방(茶房) : 다사(茶肆)라고도 부름. 찻집에서 파는 차는 대체로 두 종류로 나뉜다. 하나는 순수한 차로 한 가지 찻잎을 우려 만든다. 다른 하나는 혼합 음료로 찻잎과 다른 음식을 섞어 빻은 다음 우리거나 덮어서 끓여 만든다.

점잖게 추환이나 한번 하세

추환捶丸에서 '추捶'는 치다, '환丸'은 공을 뜻하는데 이는 중국 고대 구기 운동 중 하나였다. 추환은 북송 때 처음 생겨났는데 주로 축국蹴鞠에서 말을 타고 하는 마구馬球로, 나귀를 타고 하는 여타구驢打球, 걸으면서 하는 보타구步打球도 있다.

원나라 때 저서 《환경丸經·집서集叙》에 '송휘종, 금장종金章宗에 이르러 모두가 추환을 즐겼다.'라는 기록이 있는데 이로 보아 추환이 늦어도 북송 휘종 선화宣和 7년에는 이미 생겨났을 것이다.

송나라 때는 말이 귀해서 말을 타고 하는 마구 운동이 보급되기 어려웠기에 새로 생겨난 이 추환 운동이 크게 유행하는 데는 그리 오랜 시간이 걸리지 않았다. 위로는 황제와 대신들부터 아래로는 평민 백성과 아이들까지 모두 이 놀이에 푹 빠졌다. 체력이 약한 문인들도 점잖은 운동인 추환을 고상한 취미로 여겼다.

《환경》과 송나라 때 그려진 〈송인격구도宋人擊球圖〉, 그리고 명나라 때 그려진 〈추연도秋宴圖〉 등 고서와 고대 회화를 보면 추환에서 사용한 공과 채, 경기장, 경기 규칙이 오늘날의 골프와 매우 비슷했음을 알 수 있다.

북송의 관리 등보滕甫는 어렸을 때 '각구角球를 무척 좋아해서' 그의 외숙인 범중엄范仲淹이 '늘 타일러도 듣지 않았다.' 여기에서 말하는 각구는 바로 각골角骨로 만든 공으로, 처도 쉽게 깨지지 않았다.

진만리陳万里의 《도침陶枕》에 기록된 도침 중 하나의 윗면에는 아이가 추환을 하는 그림이 그려져 있다. 이 그림은 아이가 작은 막대기를 들고 공을 치는 모습을 생동감 넘치게 표현했다. 이것으로 보아 당시 추환이 매우 성행했다는 것을 확인할 수 있다. 추환은 활동량이 많지 않은 데다 '마음을 편안하게 하고 혈맥을 보양하며 정신을 즐겁게 해주었기에' 여인들도 좋아했다.

- 추환(捶丸) : 당나라 때 마구 중 보타구가 발전하여 생겨난 운동이다. 보타구는 말을 타지 않고 걸으면서 막대기로 공을 치는 구기 운동이었다. 이러한 보타구가 송나라 때에 이르러 또 다른 형태의 구기 운동으로 바뀌었는데 그것이 바로 추환이다.
- 도침(陶枕) : 당송 시대에 유행한 자기로 만든 베개. 도침의 여러 면에는 인물, 산수, 꽃 그림이나 시가 등으로 장식하였다.

구란와사의 행복

〈청명상하도〉'십천각점十千脚店' 맞은편에 면적이 상당히 큰 정자식 건물이 보이는데 이곳이 구란와사다. 이곳은 변량汴梁에서 가장 규모가 큰 '브로드웨이 극장'이었다.

송나라 때 온갖 즐길 거리가 생겨나면서 기존에는 궁이 주요 오락 장소였던 것이 점차 구란와사가 주를 이뤄 '왁자지껄한 소리가 밤새도록 끊이지 않았다.' 송나라 때 도시에서 최고 수준의 기예는 모두 구란와사로 모여들었다. 《동경몽화록》에 보면, 봄, 여름, 가을, 겨울에 상관없이 비바람이 몰아쳐도 구란와사에서는 날이면 날마다 공연이 상연되었다고 했다. 이곳에서는 즐거운 시간이 눈 깜짝할 사이에 흘러가 '날마다 그곳에 거하며 저녁이 되어도 돌아갈 줄을 모르게' 되었다.

송나라 때의 설창문예說唱文藝 공연은 가무, 설창, 희곡, 민족기악, 잡극 등 매우 다양했는데 그중에서도 잡극과 설창이 가장 중요한 공연이었다. 송나라 때 잡극과 설창의 인기는 어느 정도였을까? 《수호전水滸傳》에 이런 내용이 있다. '구란에서는 온갖 곡조를 설창한다. 날마다 가무나 연주, 노래 등이 공연되어 구름처럼 몰려든 사람들의 주머니에서 돈을 거둬들인다.'

《동경몽화록》에는 당시 유명 예인 중 70여 명이 언급되어 있다. 그중에는 소창小唱으로 이름난 이사사, 서파석徐婆惜, 봉의노封宜奴 등도 이름을 올렸다. 장방기張邦基의 저서 《묵장만록墨莊漫錄》에는 이런 내용이 있다.

'정화政和 연간, 변경은 홍등가가 크게 변화하였다. 이사사와 최염월崔念月이라는 두 기녀가 일시에 이름을 떨쳤다. 조충지晁冲之 숙용叔用은 술을 마실 때마다 불러서 잔을 권했다. 그 후로 십여 년이 지나 다시 경사로 돌아왔을 때도 두 사람은 여전히 그곳에 있었는데 명성이 중국 밖까지 전해졌더라.'

이사사의 노래 솜씨는 실제로 매우 출중했을 것이다. 젊었을 때 이사사는 안기도晏幾道, 진관, 주방언周邦彦과도 교류했으며 휘종에게까지 그 명성이 전해졌다. 비록 북송이 멸망한 정강靖康의 변變 이후로 남방으로 흘러갔으나 여전히 이사사에게 공연을 청하는 사대부가 있을 정도였다.

송나라 때, 사는 음악과 하나였다. 각각의 사의 사패詞牌는 한 가지 악보를 대표하며 각각의 사는 모두 노래로 부를 수 있다. 그래서 사는 음악에서 비롯되었고 수많은 사인들은 다 음악가라고 할 수 있다.

북송의 구준寇准은 이른 봄에 손님을 청해 연회를 여는데 직접 사를 지어 악공에게 부르게 했다. 남송의 신기질은 연회를 열 때마다 반드시 가기에게 자신이 지은 곡을 노래하게 했다.

사대부만 사 짓기를 즐긴 것이 아니라 저자의 백성들도 노래 부르고 듣는 것을 좋아했다. 《동경몽화록》에 보면 송대에 와사구란이 매우 많아 변경에만 '크고 작은 구란이 오십여 곳'이나 되었는데 그중에는 '수천 명을 수용할 수 있어' 오늘날의 콘서트장에 버금가는 규모를 갖춘 곳도 있었다. 일상에서 차를 마시며 노래를 듣는 삶이 얼마나 기꺼웠을까!

- 변량(汴梁) : 송나라 수도 개봉의 옛 이름.
- 설창(說唱) : 강창(講唱). 운문과 산문으로 꾸며져 있는 민간 문예. 이야기와 노래를 섞어 연출한다.
- 사패(詞牌) : 사의 곡조의 명칭.

칠월 칠일 여인의 날

송나라 때 사람들은 칠석을 걸교절乞巧節이라고도 불렀다. 사람들은 이날 밤 직녀성에 바느질을 잘하게 해달라고 빌고 견우직녀성에 제사를 지냈다.

《동경몽화록》권 8에는 송나라의 도성 개봉의 걸교절 풍경이 기록되어 있다. '마갈락, 화과, 주자, 붓, 벼루, 바늘과 실, 아이들의 시 짓기, 여인들의 훌륭한 바느질 솜씨 빌기, 향 사르고 제 올리기, 이런 것을 걸교라 부른다.'

《몽량록》권 4에는 항주의 걸교절 풍경이 나온다. '부귀한 집에서는 높은 누각에 술자리를 마련해 절기를 즐겼다. 또 넓은 대청에 향안香案과 술, 과일을 마련해 여인들에게 달을 올려다보며 절을 올리고 직녀성과 견우성에게 빌게 했다.'

칠석날 밤 휘황한 등이 오르기 시작하면 '온 성의 아이와 여인들이 빈부에 상관없이 모두 새 옷을 입었다.' 일반 백성들은 모두 이날 뜰에 물을 뿌리고 청소를 하며 명절을 맞이했다. 부귀한 집안에서는 성대한 연회를 마련하고 뜰에 단청을 한 누각인 '채루彩樓'를 세웠는데 이를 '걸교루乞巧樓'라고 불렀다.

이 밖에도 《동경몽화록》에는 송나라 젊은 여인들 사이에서 유행한 무척 흥미로운 걸교 방식이 기록되어 있다. 거미 한 마리를 잡아 작은 함 안에 넣었다가 이튿날 함을 열어 거미가 짠 거미줄을 살핀다. 만약 거미줄이 보기 좋게 둥근 모양을 하고 있으면 '득교得巧'를 상징했다. '득교'는 여인들이 직녀성에 빌었던 훌륭한 바느질 솜씨를 얻었다는 뜻이었다.

처녀들과 아낙들은 이날 복을 빌고 직녀성에 제를 지내고 밀가루와 설탕으로 만든 과자인 '교과巧果'를 먹고 손톱을 물들이고 예쁜 옷을 입힌 지푸라기 인형인 '교고巧姑'를 만들었다. 칠석이 여성만 참여하는 명절은 아니었지만 '직녀에게 제를 올리는 것'은 처녀와 젊은 부인들만의 일이었다. 여인들은 모두 친구나 이웃들과 약속해서 적게는 대여섯 명, 많게는 십여 명이 모여 달빛 아래 제상을 마련했는데, 차, 술, 과일, 오자五子 등을 공물로 올렸다. 그밖에도 몇 송이 꽃을 붉은 종이로 묶어 화병에 꽂고 그 앞에 작은 향로를 놓았다.

직녀에게 제를 올릴 젊은 부인들과 처녀들은 하루 동안 재계하고 목욕을 마친 다음, 제사를 주관할 집에 제시간에 도착하여 향안 앞에서 향을 사르고 절을 올렸다. 그러고 나서 다 같이 탁상 앞에 둘러앉아 달을 보며 복을 빌었다. 처녀들은 고개를 들어 하늘을 훑으며 은하수 양쪽에 있는 견우성과 직녀성을 찾아 1년에 단 한 번뿐인 둘의 만남을 볼 수 있기를 바라는 한편, 자신도 직녀처럼 총명하고 솜씨 좋은 사람이 되길, 마음에 꼭 드는 사람과 행복한 혼인 생활을 할 수 있길 기도했다.

- 마갈락(磨喝樂) : 흙과 나무로 만든 작은 인형으로 칠석에 이 인형을 바쳐 공양하였다.
- 화과(花瓜) : 박 껍질에 아름다운 문양을 새긴 것.
- 주자(酒炙) : 한약재를 술에 불려서 노르스름하게 되도록 덖는 것.
- 향안(香案) : 향로를 올려놓는 상.
- 오자(五子) : 용안(龍眼), 대추, 개암, 땅콩, 해바라기씨.

씨름판에 오르는 여성들

《몽량록夢粱錄》과《무림구사武林舊事》를 보면 남송 시대 항주에서 찻집이나 술집이 모인 와사瓦舍 안에 전문적인 공연장이 갖춰진 구란勾欄에서는 늘 여성 씨름 경기가 벌어졌다고 한다. 와시瓦市에서 씨름을 하는 이들은 민간예술인을 뜻하는 '로기인路岐人'이었는데 사람들을 모아 공연을 보여주고 돈을 벌었다. 대개 먼저 여성 몇 쌍이 잡기나 마술 같은 잔재주를 선보이며 북과 징을 울려 손님을 모은다. 그리하여 사람들이 많이 모이면 그제야 완력이 센 선수들을 내보내 정식으로 씨름 공연을 시작했다. 이와 같이 돈을 받는 상업적인 씨름 공연에서는 일단 여성 씨름 경기로 분위기를 고조시켜 관중을 끌어모은 다음, 남성 씨름 선수들의 경기를 시작했다.

《몽량록》과 《무림구사》에는 '새관색賽關索', '효삼낭囂三娘', '흑사저黑四姐', '한춘춘韓春春', '새모다賽貌多', '요육낭饒六娘' 등 몇몇 여성 씨름 선수들의 이름도 기록되어 있다. 이 여성 씨름 선수들은 남성 선수들과 마찬가지로 '와시와 여러 군현에서 승리를 다퉜고' 널리 이름을 날렸다.

'삼종사덕三從四德'을 여성의 가장 바람직한 행위 규범으로 받든 전통적인 예교 사회에서 여성 씨름 선수들의 복장은 입이 떡 벌어질 만큼 충격적이었다. 팔, 등, 배꼽, 아랫배, 허벅지를 드러내는 것은 물론이고 심하게 앞서갔다 싶은 여성들은 손바닥만 한 천으로 가슴을 가린 경우도 있었다. 그래서 그녀들이 무대에 오르기만 하면 오색잡놈들이 구름처럼 몰려들어 함성 소리와 웃음소리로 장내가 떠나갈 듯했다.

평민 백성들은 말할 것도 없고 송인종宋仁宗도 여성 씨름 경기에 매료됐다고 전해진다. 가우嘉祐 7년(1062년) 정월 18일은 마침 원소절 기간이라 변경 시민들이 모두 화등을 밝히느라 시끌벅적했다. 송나라 때의 관례에 따라 인종은 출궁하여 백성들과 함께 명절을 즐겼다. 황제는 선덕문宣德門 성루에 이르러 '여러 예인을 불러 각기 기예를 보이게 했는데' 그중에 당연히 여성 씨름 경기도 있었다. 여러 분야 예인들의 놀라운 공연이 끝난 뒤, 송인종은 '은견銀絹을 내리라'고 분부하여 예인들을 격려했는데 여성 씨름 선수들도 황제의 하사품을 받았다. '황제의 하사품을 받는 자에는 여성 씨름 선수들도 있었다.'

그러나 황제의 이 같은 시혜는 사마광司馬光을 격분시켰다. 열흘 뒤, 즉 정월 28일, 사마광은 〈논상원령부인상박상論上元令婦人相撲狀〉을 바쳐 완곡하게 인종을 비판했다. 이 글의 대략적인 의미는 이러했다. '이달 18일, 황제께서 선덕문에 이르시어 예인들의 공연을 관람하시고 그들에게 은견을 내리셨다 들었다. 공연을 한 자 중에는 여성 씨름 선수들도 있었는데 그들도 하사품을 받았다. 선덕문은 나라의 상징이자 법령을 포고하는 곳이다. 18일 그날, 천자와 후궁, 관리의 부인들 앞에서, 수많은 백성들 앞에서 망측하게도 여인이 발가벗은 몸으로 나서서 씨름 공연을 하다니 참으로 황당무계하지 않을 수 없다.'

그러나 《몽량록》과 《무림구사》의 내용으로 판단컨대, 민간의 여성 씨름 공연은 사마광의 비판에도 아무런 영향을 받지 않았다.

- 삼종사덕(三從四德) : 삼종(三從), 여자는 시집 가기 전에는 아버지를 따르고, 출가해서는 남편을 따르고, 남편이 죽으면 아들의 뜻을 좇아야 함을 의미한다. 사덕(四德)은 마음이 정순해야 하며(婦德爲貞順), 말은 예의가 있어야 하고(婦言爲辭令), 용모는 단정해야 하며(婦容爲婉娩), 살림이 뛰어나야 한다(婦功爲絲枲)는 뜻인데, 봉건 사회 중국에서는 삼종사덕을 여성이 갖춰야 할 미덕으로 여겼다. 유교문화권에 속하는 우리나라도 여성에 대한 인식은 별반 다르지 않았다.
- 선덕문(宣德門) : 당나라 때 변주(汴州) 고각문(鼓角門)에서 기원하여 오대(五代)를 거쳐 북송에 이르렀다. 이 사이 출입구도 원래 2개이던 것이 3개, 5개로 늘어났다. 높고 거대한 문루(門樓)는 지고지상의 황권을 보여주는 곳이자 북송 시기 황제와 백성이 함께 즐기던 무대였다. 성문 유적은 오늘날 허난(河南)성 카이펑(開封)시 신제커우(新街口)에 있다.

담요 위에서 포근히 잠든 고양이를 구경하며

황실 원림에 있는 동물은 황제만의 것일지 몰라도 애완동물을 기르는 것은 황제만의 취미가 아니었다. 북송 때는 왕공 귀족은 물론이고 일반 백성들까지 너 나 할 것 없이 앞다투어 애완동물을 길렀다.

송나라인이 개를 기르는 이유는 대개 밤손님을 막기 위해서였다. 하지만 역사서에 보면 강주江州 덕안德安 진방陳昉이라는 자의 집에서는 '100마리가 넘는 개가 한 구유에서 같이 음식을 먹는데 한 마리라도 오지 않으면 모두가 음식을 먹지 않았다.' 단순히 도둑을 막기 위해서 100여 마리나 되는 개를 길렀을까? 아마도 그 이유는 개를 무척 사랑해서였을 것이다.

남송의 화가 모익毛益이 〈훤초희구도萱草戲狗圖〉에서 묘사한 것도 몹시 사랑스러운 작은 애완견 몇 마리였다.

고양이는 송나라 때 몹시 흔한 애완동물이었다. 후세는 진회秦檜의 손녀가 '사묘獅猫'를 기른 일화를 기록으로 남겼다. 어느 날, 진회의 손녀가 기르던 사묘 한 마리를 잃어버렸다. 이에 임안臨安성 사람들이 모조리 동원되어 수백 명이 잡혀갔고 사묘 수백 마리가 진회의 집으로 보내졌다. 이로써 진씨 가문의 권세가 하늘을 찔렀다는 사실도 알 수 있지만 한 번에 100마리가 넘는 사묘를 찾았다는 점에서 당시 임안성에서 고양이를 기르는 사람들이 적지 않았음을 확인할 수 있다.

송나라인은 고양이를 참 좋아해 애정을 듬뿍 담은 별칭인 '이노狸奴'라고 불렀다. 처음에 사람들이 고양이를 기른 까닭은 쥐를 잡기 위해서였다. 특히 문인들이 많이 길렀는데 쥐들이 책을 쏠아 못쓰게 만들기 때문이었다. 처음에는 그런 목적이었으나 고양이를 오랫동안 기르면서 사람들도 점점 '고양이 집사'가 되어갔다.

그중 가장 유명한 사람으로는 다음 두 사람을 꼽을 수 있다.

송시의 개척자인 매요신梅堯臣은 집에서 기르던 '오백五白'이라는 이름의 고양이가 죽자 장례를 치러주고 오백이 가장 좋아하던 쌀밥과 생선을 공물로 올렸을 뿐만 아니라 〈제묘시祭猫詩〉까지 지었다.

그리고 또 한 사람 시인 육유가 있다. 사람들은 그의 이름을 들으면 곧바로 '밤새도록 침상에 누워 비바람 소리 들으며 철갑을 걸친 군마를 타고 꽁꽁 언 강을 지나 북방 전장으로 달려가는 꿈을 꾼다'는 시구만 떠올릴뿐 〈십일월사일풍우대작十一月四日風雨大作〉의 한 수, '밖에는 비바람이 세차게 몰아치고 사방이 어두컴컴한데 집에는 따뜻한 불과 보드라운 담요 있으니 나와 우리 집 고양이는 아니 나가련다' 라는 시가 있는 줄은 모른다. 밖은 뼛속까지 시린 찬바람이 불고 하늘에 구멍이라도 뚫린 듯 세찬 빗줄기가 쏟아지는데 집 안에는 화롯불이 활활 타오르고 따스한 담요까지 있으니, 시인은 고양이를 안은 채로 담요에 폭 싸여 한편으로는 불을 쬐면서 고양이에게 말을 건넨다. "날이 몹시도 차니 넌 그냥 나와 집에 있자꾸나."

애완동물을 기르는 데는 당연히 돈이 들기에 이와 관련된 새로운 일거리가 생겨났다. 《무림구사》에서는 항주 안에 있는 애완동물 관련 상품과 제공되는 서비스를 하나하나 열거해두었는데 고양이 집부터 밥, 새끼고양이 판매, 고양이 미용 등 없는 것이 없었다. 생각해보면 오늘날 사람들이 애완묘를 기르는 것과 크게 다를 바 없다. 송나라인의 삶을 들여다보다보면 마치 지금 우리네 삶을 들여다보는 듯 참으로 친근감이 든다.

변량의 번화한 야시장

야시장은 변량汴梁이 후세에 남긴 크나큰 선물이다. 당나라 이전, 도시는 야간통행을 금지하고 원소절에만 특별히 금령을 해제하여 정월 열나흘부터 열엿새까지 사흘 동안 성문을 열어 놓고 밤놀이를 허락했다. 야간통행 금지는 이미 북송 초부터 완전히 폐지되었다. 도시는 밤새도록 대낮처럼 훤히 불을 밝혔고 노랫소리가 끊이지 않았다. 이때부터 송나라인들은 환락에 물든 밤 문화를 즐기기 시작했다.

북송 변량에서는 '야시장이 삼경三更이 되어서야 문을 닫았다가 오경五更부터 다시 개장해 밤새도록 시끌벅적한 소리가 끊이지 않았다.' 송나라인이 쓴 《철위산총담鐵圍山叢談》에서도 밤새도록 등잔 기름이 타서 생긴 연기로 거리 곳곳에 모기 한 마리 볼 수 없었다는 내용이 나온다. 물론 터무니없이 과장된 설명이기는 하나, 변량의 야시장이 얼마나 휘황찬란했을지 능히 짐작할 수 있다.

남송 임안의 밤 문화도 그에 못지않게 풍부했다. 조시朝市는 오경 새벽 3~4시부터 늦은 밤까지 이어졌다. 거리를 구경하며 물건을 사던 사람들은 다리가 아프고 목이 마르면 적당한 곳을 찾아 자리를 잡고 앉아 맛있는 요리를 먹고 마실 거리를 들이켰다.

밤낮을 가리지 않고 손님을 맞이하는 주루酒樓와 찻집 외에 야시장에서는 작은 점포들이 들어서 온갖 음식을 팔았는데 "길가에서는 생강을 넣고 푹 삶은 돼지고기와 비곗살 껍질, 편육, 소금에 절여 말린 것을 후추와 식초로 간해 구운 돼지고기, 양 지방 부추전, 지게미 양족발, 조해糟蟹를 팔고 견과류를 넣고 매운 향신료로 맛을 낸 고기 순대, 전분을 넣고 걸쭉하게 끓인 매운 맛이 나는 죽, 소금에 절여 말린 고기, 전분으로 만든 음식, 생강 새우…… 등을 멜대에 싣고 팔기도 했다."

송나라의 여성도 '누구도 알지 못하게 규방 깊은 곳에 숨어' 살지 않았다. 그들도 이토록 번화한 도시의 밤 문화를 즐길 수 있었다. 《동경몽화록》에 보면 변량의 반루동가항潘樓東街巷에서 '북산자다방北山子茶坊 안에 선동仙洞과 선교仙橋가 있어 미인들이 종종 밤에 나와 이곳에서 차를 마신다'는 기록이 있다.

위에서 언급한 것 외에도 송나라인은 독특하면서도 활기찬 야시장 문화를 형성했다. 와사 구란 안에서 밤낮으로 각종 오락 공연을 선보인 것은 두말할 필요도 없고, 점을 치는 노점도 사람들이 끊이지 않고 찾는 야시장 단골 명소로 송나라 야시장 문화의 일부분이었다. 점쟁이들은 손님을 모으기 위해 다들 자신의 노점에 수작질이 분명해 보이는 이름을 붙였는데 '오성五星'이니 '삼명三命'이니 '시운이 찾아오면 논밭을 사고 장가를 들라'는 등 오늘날의 광고문구와 비교해 봐도 별반 다를 바 없었다.

송나라 때 민간 저잣거리의 밤 문화가 얼마나 다채로웠던지 황궁 사람들조차 부러움을 감추지 못했다. 어느 깊은 밤, 송인종은 궁에서 음악 소리와 웃음소리를 듣고 물었다. "어디에서 연주하는 것이냐?" 이에 궁녀가 대답했다. "민간의 주루에서 나는 음악 소리입니다." 이어서 궁녀가 말했다. "황상, 들어보십시오. 궁 밖은 이리도 즐겁게 사는데 적적한 황궁과는 참으로 다릅니다."

황궁 사람들조차 야시장의 떠들썩함을 부러워했다니, 이는 그전까지는 생각도 못한 일이었다.

• 조해(糟蟹) : 지게미 게장.

온 백성이 주머니 끈을 푸는 날

《동경몽화록東京夢華錄》의 서장에서 맹원로孟元老는 이런 말을 했다.

'태평성세가 오래되니 경성은 사람들로 북적거리고 번화한 모습이다. 긴 머리를 늘어뜨린 아이는 놀기만 좋아하고 귀밑머리가 하얗게 샌 노인은 전쟁을 겪어본 적이 없다. 명절이 지나가면 또 다른 명절이 찾아오니 늘 좋은 구경을 할 수 있다. 등이 환히 밝혀지던 아름다운 그 밤이나 달빛이 하얗게 반짝이고 눈발이 나부끼는 모습, 온갖 꽃이 활짝 핀 모습, 칠월 칠석七夕, 그도 아니면 중양절의 등고登高 또는 금명지金明池의 금군禁軍 훈련이나 경림원瓊林苑 구경 등 너무도 많다. 고개를 들어 둘러보면 죄다 화려한 주렴이 드리워진 으리으리한 청루靑樓뿐이라. 화려하게 장식한 가마들이 앞다투어 큰길가에 세워져 있고 귀한 명마가 대궐로 향하는 어가御街를 마음껏 질주한다. 번쩍이는 금박과 겹겹의 비취에 눈이 부시고 비단 소매와 치마에서 향긋한 향내가 실려 온다. 새로운 노래의 선율과 아름다운 여인의 웃음소리는 버드나무가 그늘을 드리운 길과 홍등가 골목에 메아리친다. 퉁소 소리와 거문고 가락이 찻집 모임과 주루 연회에서 울려 퍼진다. 전국 각지의 사람들이 모두 경성으로 모이고 각 나라의 사자들이 모두 송나라로 찾아온다. 세상 각지의 기이한 보물들이 모두 경성의 시장에서 거래된다. 온 세상의 산해진미가 모두 경성의 연회 자리에 오른다. 길 위를 가득 덮은 꽃빛이 신이 나서 봄놀이 나서는 사람들을 어이 막을쏘냐!'

송나라 때는 1년에 5번이나 '황금연휴'가 있었기에 연휴를 모두 합치면 100일이나 되었다. 새해, 백중, 청명, 칠석 등등, 밖에서 행사가 벌어지는 날이면 송나라인은 먹고 마시고 놀고 즐기고 저잣거리를 돌아다니며 주머니를 탈탈 털어 이것저것 사들였다. 변량 길가에는 온갖 물건을 파는 장사꾼의 매대며 주루, 음식점, 구란 와사가 죽 늘어서 있었고 거리는 사람들로 북적거리고 가게마다 손님들로 북새통을 이뤘다. 개봉 저자의 번영한 모습은 모두 〈청명상하도〉에 고스란히 담겨 있다.

북송 시기, 변경 대상국사大相國寺에서는 상품을 거래하는 장이 정기적으로 열렸다. 오늘날 특정한 날에 절 안이나 인근에서 시장이 서는 것과 비슷했다. 송나라 문인들은 대상국사에 놀러가는 것을 몹시도 좋아했다. 이청조와 조명성은 혼인한 뒤에 '보물찾기'를 하러 대상국사를 자주 찾았는데 매번 그 재미에 빠져 시간 가는 줄을 몰랐다. 이 행복했던 시간은 이청조의 삶에서 가장 잊을 수 없는 기억이 되었다.

《동경몽화록》은 비교적 상세하게 '없는 것 빼고 다 사고 파는' 대상국사의 떠들썩한 풍경을 묘사했다. '사찰 정문에는 새나 고양이, 개와 같은 것들로 가득한데 온갖 신기한 동물들을 다 볼 수 있었다.' 이곳은 애완동물 시장이었다. '두 번째 문과 세 번째 문에서는 모두 일상용품을 팔았다. 뜰 안에 지붕이 뚫린 장막 가판대를 설치하여 부들로 만든 자리, 대자리, 천으로 만든 장막, 세면용품, 안장과 고삐, 활과 검, 제철 과일, 말린 고기 같은 것을 팔았다.' 이곳은 일용품을 파는 시장이었다. 불당에서 가까운 곳에서는 맹가孟家 도관道冠, 조문수趙文秀 붓, 반곡潘谷 먹 등을 파는 문화 관련 용품 시장이 열렸다. '여러 사찰의 비구니들이 파는 자수품, 옷깃 장식, 꽃, 진주와 비취, 머리 장식, 금테를 두른 두건, 모자, 상투, 족두리, 오색 끈 등으로 두 회랑이 가득 찼다.' 이곳에서는 여러 사찰의 비구니들이 직접 만든 공예품을 팔았다. '뒤쪽 회랑은 점쟁이의 점치는 도구, 초상화 등', 점을 치는 사람들이 사용하는 물건들을 팔았다.

- 등고(登高) : 귀신이나 나쁜 기운을 쫓는 수유 주머니를 차고 높은 산에 올라 국화주를 마시는 중양절의 풍속.
- 도관(道冠) : 도사들이 쓰는 모자.

옛사람들의 12성좌

현대인은 12성좌에 굉장히 관심이 많다. 송나라인도 우리들과 마찬가지로 한가할 때면 별자리에 대해 이야기를 나눴다.

송나라인의 저서를 보면, 12성좌에 대한 언급이 심심치 않게 나온다. 북송 때 부굉傅肱이라는 사람은 '게'에 관한 이야기를 모아 《해보蟹譜》라는 책을 지었는데 이 책에 보면 '12성좌에 게자리가 있다'는 내용이 나온다. 《사림광기事林廣記》 중 천문에 관한 기록에서는 〈십이궁분야소속도十二宮分野所屬圖〉라는 지도에 대해 언급하고는 12성좌와 천하를 12주州로 나눈 중국의 12주 이론을 결부시켰다. 이를 현대어로 해석하자면 물병자리는 청주靑州, 염소자리는 양주揚州, 사수자리는 유주幽州, 전갈자리는 예주豫州, 천칭자리는 연주兗州, 처녀자리는 형주荊州, 사자자리는 낙주洛州, 게자리는 옹주雍州, 쌍둥이자리는 익주益州, 황소자리는 기주冀州, 양자리는 서주徐州, 물고기자리는 병주幷州에 어울린다.

남송 말기의 시인 진서가陳恕可는 게에 관해 읊은 〈계지향桂枝香〉이라는 사詞를 지었는데 거기에 보면 '진성야영秦星夜映, 초상추족楚霜秋足'이라는 구절이 있다. 여기에서 '진秦'은 바로 진나라 땅에 있는 옹주를 가리키므로 게를 가리킨다. 만약 송나라 때 문인들이 12성좌에 대해 전혀 아는 바가 없었다면 문인들의 모임에서 천고마비의 계절을 맞아 게를 맛보며 술잔을 기울이며 진나라 땅 옹주에 대해 논하면서도 도대체 진나라 땅이 게와 무슨 상관이 있다는 것인지 도저히 이해할 수 없었을 것이다.

마치 현대인들이 툭하면 처녀자리를 농담거리로 삼듯이 송나라인은 염소자리를 두고 농을 던졌는데, 별자리가 염소자리에 속하는 수많은 송나라인은 별자리가 영 마음에 들지 않는다고 자조했더랬다.

박학다식했던 소식은 12성좌에 대해서도 줄줄 꿰고 있었다. 소식은 북송 경우景祐 3년 12월 19일, 즉 1037년 1월 8일에 태어났다. 이때 태어난 사람의 명궁命宮은 염소자리였다. 소식은 걸핏하면 한탄하기를, 자신과 당나라의 한유韓愈는 둘 다 염소자리라서 팔자가 사나워 평생 구설에 시달릴 운명이라고 했다. 우석于石 또한 시에서 자조했다. '내 팔자가 박복한 것도 염소자리라서 그렇다네. 후인으로서 이공二公의 뒤를 따르며 박복하게 살 밖에.'

쑤저우蘇州에 있는 송나라 서광사瑞光寺 유적에서는 북송 경덕景德 2년(1005년)에 판각된 《대수구다라니경大隨求陀羅尼經》이 발견되었다. 여기에서도 둥근 고리 형태의 12성좌도가 보이는데 도안이 매우 정확해 오늘날에 볼 수 있는 12성좌도와 거의 차이가 없다. 다만 염소자리를 용 머리에 물고기 몸을 지닌 날개 달린 괴물로 그린 것이 오늘날 흔히 볼 수 있는 양 머리에 물고기 몸을 한 도안과 다를 뿐이다.

앞서 시인들이 내뱉은 자조로 볼 때, 송나라인이 얼마나 이 별자리를 싫어했는지 잘 알 수 있는데 거의 '고난의 별자리'로 여겨져 억울한 취급을 받았다.

- 사림광기(事林廣記): 남송 시기에 복건(福建) 사람인 진원정(陳元靚)이 지은 민간 백과사전.
- 명궁(命宮): 점술에서 쓰는 십이궁(十二宮)의 하나. 수명에 관한 운수를 알아보는 별자리이다.
- 이공(二公): 여기서 이공은 한유와 소식을 말함.

송나라의 이모저모

송나라 잡설

글。통제 佟婕

봄이 오면 개봉 변하汴河 양안의 버드나무가 초록빛 새 가지를 뻗고 강물 위로 배들이 오가고 저잣거리는 분주하게 돌아다니는 사람들로 북적여 그야말로 번화한 모습을 연출했다.

북송 때, 봄이 오면 황실 원림을 구경할 수 있는 기회가 찾아왔는데 그때가 되면 사람들은 동경 순천문順天門 밖에 있는 금명지金明池로 달려갔다.

송나라인은 《청파별지淸波別志》에 이렇게 적었다. '3월 1일, 삼성三省이 함께 황제 폐하의 뜻을 받들어 금명지를 개방하고 사대부와 평민들이 구경하도록 허락하니 어사대御史臺는 탄주彈奏할 수 없다.' 이 말은 곧, 매년 3월 1일부터 때에 맞춰 금명지를 개방하여 사대부와 평민들이 마음껏 돌아다니며 놀 수 있도록 했다는 뜻이다. 처음 개방했을 때는 변경 사람들이 이 사실을 잘 몰랐기에 어사대에서 방을 붙여 알렸다. '선대 황제께서 행한 관례에 따라 사대부와 백성들이 한 달 동안 금명지에서 놀 수 있도록 허락한다.' 그리하여 봄철에 금명지를 찾아 노니는 것이 개봉부의 풍속이 되었다.

'연못은 순천문 밖 거리 북쪽에 있는데 둘레는 9리里 30보步요, 그 안에는 선교仙橋가 있는데 세 개의 아치형 다리로 난간은 붉게 칠해져 있으며 교각은 기러기떼가 열을 지어 날아가는 것 같은 형상을 이루며 중앙이 위로 불룩 솟아 낙타봉이라고 불리는데 멀리서 보면 세 개의 무지개가 뜬 것처럼 보인다. 다리가 끝나는 곳에는 다섯 개의 전각이 서로 이어져 있는 보진루寶津樓가 물 한가운데 있고 웅장하고 화려한 전각들과 기화요초와 기암괴석, 진귀한 동물들, 선거船渠와 부두, 전선戰船과 용선龍船 등 없는 것이 없었다.

매년 이달이 되면 금명지로 향하는 길은 그야말로 날마다 '말과 수레가 수만을 헤아리는' 지경이었고 이 좋은 봄날을 그냥 흘려보내기가 가장 아쉬웠을 청루의 여인들도 '흰색 편복을 걸치고 개두蓋頭를 관자冠子 뒤쪽에 메고' 나들이를 갔다. 이 같은 가인들의 행렬에 뒤따르는 소년이 없을 리 만무했다. 아마도 이 소년들이 노새나 나귀를 타고 일부러 '짧은 고삐로 말이 머리를 숙이고 앞으로 향하게 하며', '이랴 이랴 빨리 달리라고 고함을 지르며 대단한 척 젠체하고' 소란을 일으킨 것도 다 눈에 띄고 싶어서 하는 짓거리였을 것이다. 미인들이 뒤돌아보며 자꾸만 입을 가리고 웃거나 꽃 몇 송이를 던지며 마음껏 웃게 만들려 함이라.

- 삼성(三省) : 중국 당나라 때에, 최고의 의정 기능을 하던 세 기관. 중서성, 문하성, 상서성을 이른다.
- 어사대(御史臺) : 관리의 부패를 감찰하고 기강을 바로잡는 역할을 하는 기관.
- 탄주(彈奏) : 남의 죄상을 밝혀 상소함.

이 같은 정경은 반산거사半山居士 왕안석王安石의 시와 딱 들어맞는다. '임진역臨津驛 천 그루 나무에 활짝 핀 아리따운 꽃들, 길 양쪽으로 줄줄이 늘어진 버드나무의 흰 그림자. 문득 금명지로 가는 길에서 멋지게 차려입은 여인들이 출중한 사내들을 앞다투어 보던 것이 떠오른다.'

맹원로의《동경몽화록》에 보면 금명지에서 즐긴 오락거리는 무척 많았다. 시장경제가 발달한 덕에 상인들도 똑똑해졌다. 그들은 연못 양쪽에 가설막을 세우고 연못에서 열리는 용선 경기를 구경하는 관람객들에게 대여했다. 평소에는 출입을 금하고 황가의 일원만 사용할 수 있도록 했던 보진루도 대중에게 개방하고 이 시기에는 입구 '높은 곳에 가설막을 설치하여 사대부와 평민이 여러 잡기 공연을 관람하도록 허한다. 어마御馬가 연못에 나타나면 황개黃蓋를 펼치고 규정대로 채찍을 친다. 큰 용선 및 어마가 연못에 나타날 때마다 구경하는 관람객이 배로 늘었다.' 이로 보아 북송 황제는 진정 백성과 함께 즐길 줄 아는 지도자였다.

용선 시합 외에도 금명지의 수희水戱 공연으로는 수전水戰, 백희百戱, 수괴뢰水傀儡가 있었다.

수전은 물 위에서 하는 군사 훈련 공연과 비슷했다. 북송 말, 호가 사호거사謝湖居士이며《풍창소독楓窗小牘》을 지은 오현吳縣의 관리 원경袁褧은 이렇게 적었다. '어렸을 때 가신家臣을 따라 금명지 수전을 보았는데 배들이 왔다 갔다 하고 칼과 갑옷이 번쩍이는 광경에 가슴이 쿵쾅쿵쾅 뛰었다.'

수전이 끝나면 백희가 이어졌다. 백희는 한나라 때 시작되었는데《한원제찬요漢元帝纂要》에 다음과 같은 기록이 있다. '백희는 진한秦漢 만연曼衍의 유희에서 비롯되었는데 줄타기, 칼 삼키기, 불 밟기, 솟대타기 등이 있었다.' 이로 보아 백희는 한족漢族의 민족기예를 이르며 주로 잡기를 가리키는 말임을 알 수 있다.

송나라 때에는 명절을 맞이할 때마다 변경에서 가무백희 공연을 거행했다. 그중에 오늘날까지 전해지는 것으로 '비환飛丸'이 있다. 이는 전국戰國시대부터 유행한 잡기로 최소 공 3개, 5개, 7개를 한 번에 던지는 기예다. 다음으로 물구나무서기 곡예인 '첩안도립疊案倒立'이 있는데, 몸이 유연한 어린 남녀가 여러 개를 겹쳐 올린 탁자 위에서 두 손을 짚고 거꾸로 서서 몸을 활처럼 둥글게 해 어깨 위로 올리고 허리를 접고 다리를 모아 허공을 향해 고개를 쳐든다. 그 옆에서는 '어룡만연魚龍曼延' 유희 무리가 나온다. 분장을

- 어마(御馬) : 임금이 타던 말.
- 황개(黃蓋) : 왕의 행차 때 쓰이던 비단으로 만든 노란색의 양산처럼 만든 의장.
- 오현(吳縣) : 오늘날의 쑤저우.
- 가신(家臣) : 높은 벼슬아치의 집에 딸려 있으면서 그 벼슬아치를 받드는 사람.
- 만연(曼衍)의 유희 : 만연어룡지희(蔓延魚龍之戱), 만연어룡(蔓延魚龍) 등 다양한 명칭으로 불린다. 함리(含利)라고 불리는 상서로운 동물이 외눈박이 물고기 비목어(比目魚)가 되었다가 다시 용으로 변신하는 내용의 대형 환술이자 동물로 분장하여 극적인 장면을 연출하는 공연이다.

한 몇몇 사람이 작은 북 도고鼗鼓를 손에 들고 물고기와 용으로 분장한 무리를 이끈다. 용 위에는 어린아이 하나가 올라타 떠들썩하고 익살맞은 공연을 선보인다.

가장 재미있는 것은 아마도 물 위에서 하는 꼭두각시극인 '수괴뢰'일 것이다. 송나라 때는 꼭두각시극 기술이 매우 뛰어나 예인들이 꼭두각시를 조종해 물 위에서 노 젓기, 낚시하기, 공차기, 춤추기 등 갖가지 동작을 구현할 수 있었다. 《동경몽화록》에 다음과 같은 내용이 있다. '가설막의 문이 열리고 작은 꼭두각시가 나오는데 작은 배 위에서 흰 옷을 입은 사람이 낚싯대를 드리우고 있었다. 뒤이어 동자가 노로 배를 저으며 빙빙 몇 바퀴 돌면서 말도 하고 춤도 추다가 살아있는 물고기 한 마리를 낚고서는 즐거워하다가 작은 배는 이내 장막 안으로 들어갔다.'

이러하였으니 금명지가 얼마나 즐거운 곳이었는지 능히 상상할 수 있다. 마치 봄날의 수상 테마파크와 다를 바 없었으니 말이다.

그렇다면 귀족들은 이때 어떤 놀이를 즐겼을까? 아마도 추환, 마구, 축국, 상박相撲처럼 몸을 쓰는 경기들이었을 것이다. 추환은 당나라 때 마구 중 보타구에서 비롯되었다. 당시의 보타구는 오늘날의 필드하키와 비슷했는데 두 편이 강하게 맞붙었다. 송나라 때에 이르러 이런 분위기에 변화가 생겼다. 기존의 보타구는 두 편이 한 경기장 안에서 서로 맞붙는 것이었는데 송나라 때는 순서대로 공을 치다보니 팽팽한 긴장감은 사라졌다. 골문은 골구멍으로 바뀌었고 이에 따라 명칭도 '보격步擊', '추환'으로 바뀌었다. 당시에는 아이들까지도 추환을 매우 좋아했다. 북송의 관리 등보滕甫는 어렸을 때 '각구角球를 무척 좋아해서' 외숙인 범중엄范仲淹이 '늘 타일러도 듣지 않았다.' 여기에서 말하는 각구는 바로 각골角骨로 만든 공으로 쳐도 쉽게 깨지지 않았다. 진만리陳万里의 《도침陶枕》에 기록된 도침 중 하나의 윗면에는 아이가 추환을 하는 그림이 그려져 있다. 이 그림은 아이가 작은 막대기를 들고 공을 치는 모습을 생동감 넘치게 표현했다. 이것으로 보아 당시 추환이 매우 성행했다는 것을 확인할 수 있다.

한편 마구는 두말하면 입 아픈, 귀족들이 좋아서 죽고 못 사는 놀이였다. 송태조宋太祖, 송태종宋太宗, 송인종, 송휘종 등 송나라의 황제들이 바로 이 마구 운동에 푹 빠진 사람들이었다. 황실이 남쪽으로 내려와 임안에 정착한 이후, 마구도 임안에 보급되기 시작했다. 송효종宋孝宗은 날마다 마구장을 찾는 바람에 신료들이 종묘사직을 중히 여겨 위험한 운동을 하지 말라고 수차례 간언하기에 이르렀다. 그런데도 송효종은 귓등으로도 듣지 않고 도리어 이렇게 말했다. "치욕을 아직 씻지 못하였기에 스스로 안락하게 지내지 않으려는 것이다." 이는 곧, 자신이 이토록 열심히 마구를 하는 이유는 심신을 단련하고 담력을 키워 훗날 자신이 전장에 나서 정강靖康의 치욕을 씻을 수 있을 것이기 때문이란 말이었다.

황제 폐하, 그냥 놀고 싶어서 그럴 듯한 변명거리를 찾은 건 아니시죠?

이밖에 오늘날 일본의 국기國技로 받들어지는 스모, 즉 상박도 송나라 때의 국민운동이었다.

송나라인은 각저사角抵社, 상박사相撲社를 세워 운영했다. 《수호전》 74회 〈지혜로 경천주를 물리친 연청〉편은 3월 28일, '천제성제天齊聖帝'의 탄신일에 산동山東 태안주泰安州 대악묘岱岳廟에서 거행하는 상박 대회에 대해 이야기하고 있다. 송나라 때의 상박 경기에서 가장 놀라운 점은 여성 상박 경기도 있었다는 사실이다. 여성 상박 선수는 '여점女颭'이라고 불렸다. 《몽량록》과 《무림구사》에서 모두 '새관색賽關索', '효삼낭嚻三娘' 등 여성 상박 선수의 예명을 찾아볼 수 있다. 아마 《수호전》에 등장하는 '모야차母夜叉', '일장청一丈青' 등 성격이 드세면서도 용맹무쌍한 여인들은 이들 상박 선수를 모델로 삼은 것일지도 모른다.

송인종도 자신의 후궁들을 데리고 선덕문 위에서 여성 상박 경기를 구경했는데 너무 흥이 난 나머지 선수들에게 보물과 비단을 하사했다고 전해진다. 이에 고무된 선수들은 더 힘을 내 최고의 공연을 선보였다. 이 때문에 그 이름도 유명한 사마광司馬光은 좌불안석이 되어 〈논상원령부인상박상論上元令婦人相撲狀〉을 바쳐 황제가 앞장서 여성 상박 공연을 관람하는 것은 군자가 할 행동이 아니라고 했다. 그러나 민간의 여성 상박 공연은 사마광의 비판에도 아무런 영향을 받지 않았다.

부유한 나라와 안정된 사회는 백성들에게 한가하고 자유로운 환경을 제공했다. 송나라 백성들은 명절에 여행을 가거나 나들이를 나섰고 구란이나 주루에 가 공연을 감상하며 놀았다. 이로 보아 송나라는 결코 삼강오상을 따지는 고루한 고대 국가가 아니었음을 알 수 있다.

• 삼강오상(三綱五常) : 삼강과 오상. 사람이 지켜야 할 도리를 이르는 말이다.

사나운 여인 하동의 울부짖는 사자

소식이 황주로 좌천됐을 때 진조陳慥라는 친구를 사귀었는데 그의 자는 계상季常이고 호는 용구거사龍丘居士였다. 진조는 불법佛法을 이야기하길 즐기고 손님이 찾아오는 것을 좋아해 손님이 올 때마다 정성껏 맞이하며 술을 준비하고 닭을 잡아 맛있는 음식을 마련했다. 이밖에도 집안의 가희에게 술자리에 앉아 말동무를 해주거나 노래를 불러 분위기를 돋우게 해 손님들이 즐겁게 즐기도록 했다.

그런데 진조의 아내 유柳 씨는 투기가 심한 여인이었다. 그녀는 진조가 가희들과 함께 노는 꼴을 보고 속이 뒤틀려 노랫소리만 들렸다 하면 버럭버럭 성을 냈는데 걸핏하면 옆방에서 몽둥이로 있는 힘껏 벽을 내려치면서 욕을 퍼부어 남편이 얼굴을 들지 못하게 만들었다. 진조는 원래 온후하고 점잖은 사람이었던지라 그런 아내를 어찌하지 못하고 그저 묵묵히 참기만 했다.

그렇게 세월이 흐르면서 진조가 아내를 두려워한다는 사실을 모르는 사람이 없게 되었다. 소식은 진조의 집에서 모일 때마다 그의 아내가 노발대발하는 장면을 보고는 아내를 무서워하는 진조를 놀리는 시를 지었다.

시에서 말한 '하동河東'은 진조의 아내 유씨를 은유한다. 유씨가 하동군 출신이었기 때문이다. '사자후'는 원래 불가에서 정의와 위엄을 비유하는데 이 시에서는 유씨가 사자처럼 울부짖는 모습을 표현하는 데 쓰였다.

소식은 이 시에서 진조가 불법에 대해 이야기하다가 갑자기 '사자후'를 들었다고 했는데 실로 말 속에 또 다른 의미가 있는 표현이었다. '지팡이 떨어뜨리고 어찌할 바를 모르네'라는 구절은 진조가 아내의 고함소리에 혼비백산한 모습을 생생하게 묘사했다.

이리하여 훗날 '하동의 울부짖는 사자'는 표독한 아내가 사나운 기세를 떨치는 것을 비유하는 표현이 되었고 '계상의 벽癖'은 아내를 무서워하는 공처가를 가리키는 말이 되었다.

용구거사도 참 불쌍하구나.
밤새워 불법을 논하는데,
문득 하동의 사자가 울부짖으니,
지팡이 떨어뜨리고 어찌할 바를 모르네.

- 소식이 황주로 좌천됐을 때 : 송신종(宋神宗) 원풍(元豐) 2년(1079년), 어사 하정신(何正臣)이 표를 올려 소식을 탄핵했다. 소식이 호주(湖州)로 부임지를 옮기면서 올린 <호주사상표(湖州謝上表)>에서 은근히 조정을 조롱했다는 것이었다. 또 어사 이정(李定)도 소식이 네 가지 대죄를 지었다고 하였다. 소식을 눈엣가시로 여겼던 자들이 소식의 문장을 멋대로 왜곡해 그를 무고한 사건을 두고 역사는 이것을 '오대시안(烏臺詩案)'이라고 불렀다. 소식은 이로 인해 황주(黃州) 단련부사(團練副使)로 억울하게 좌천되었다.
- 사자후(獅子吼) : ① 불교에서 부처의 위엄 있는 설법을, 사자의 울부짖음에 모든 짐승이 두려워하여 굴복하는 것에 비유하여 이르는 말. ② 사자의 우렁찬 울부짖음이란 뜻으로, 크게 부르짖어 열변을 토하는 연설을 이르는 말.

꽃을 꽂고 유행을 좇는 남자들

'머리에 꽃을 꽂은 사람' 하면 대부분의 사람들은 여인이 꽃으로 장식한 모습을 떠올릴 것이다. 예를 들어 이청조의 사에 이런 글귀가 있다. '낭군께서 꽃을 보시고 내 얼굴이 꽃보다 못하다 하실까 봐 탐스러운 귀밑머리 사이에 꽃을 꽂고는 누가 더 예쁜지 비교해보라 하네.'

하지만 송나라 때는 위로는 황족부터 아래로는 평민 백성까지 남녀노소를 불문하고 머리에 꽃을 꽂았다. 구양수는 '경성의 경박한 젊은이들은 대부분 성격이 호쾌하고 의를 중시하네. 혈색 좋은 고운 얼굴과 젊음을 지닌 그들을 앞 다투어 칭찬하나니. 나를 위로하려고 하얗게 샌 내 머리에 꽃을 꽂아주는구나.' 하고 읊었다. 이 시는 변량 소년들이 머리에 꽃을 꽂고 다녔던 풍조를 노래했다.

중요한 경축일, 예를 들어 교외에서 제사를 올리고 황궁으로 돌아가는 길이거나 궁정연회, 과거에 급제하여 진사가 된 이들을 위한 문희연聞喜宴 등에서 황제는 신료들에게 꽃을 하사했는데 신료들에게 하사하는 꽃도 관직에 따라 그 종류가 달랐다. 《동경몽화록》에서는 황제가 회궁할 때, '꽃을 꽂고 어마御馬를 타고 있고 앞뒤로 호위하는 신료와 백관, 의장, 시위 등도 모두 황제가 하사한 꽃을 꽂고 있다.' 황제가 하사한 꽃을 받는 것은 그 자체로 일종의 신분이자 대단한 영예의 상징이었다.

송진종宋眞宗은 태산泰山에서 하늘의 공덕을 기려 천자가 제를 올리는 봉선封禪 의식을 행하기 전날, 진요수陳堯叟, 마지절馬知節을 각각 동경유수東京留守와 대내大內 도순검사都巡檢使에 임명했다. 관직을 내린 진종은 두 사람을 궁중에 남겨 연회를 베풀어 축하했다. 진종과 진요수, 마지절, 세 사람 모두 머리에 화려한 모란꽃을 꽂고 거나하게 마셨을 즈음, 진종이 자신의 머리에 꽂고 있던 가장 진귀한 모란꽃을 떼어내 친히 진요수의 머리에 꽂아주자 진요수는 감격의 눈물을 흘렸.

연회가 끝나 출궁하는데 갑자기 불어온 바람 한 줄기에 꽃잎 한 장이 날려 떨어지자 진요수는 서둘러 시종더러 꽃잎을 주우라고 하더니 조심스럽게 품속에 집어넣으면서 말했다. "이것은 황제 폐하께서 하사하신 것이니 버려서는 아니 된다." 꽃을 대하는 진요수의 정중한 마음이 말과 표정에 흘러넘쳤다.

높으신 분들이 좋아하니 아랫사람들은 더더욱 좋아할 밖에, 머리에 꽃을 꽂는 풍조는 조정에서 민간으로 번져나갔다. 구양수는 《낙양목단기洛陽牡丹記》에서 당시 머리에 꽃을 꽂는 풍속에 관해 이렇게 적었다. '초봄, 성안에는 귀천에 관계없이 모두 꽃을 꽂았다.' 그래서 《수호전》에서 낭자浪子 연청은 '귀밑머리에 사계절 꽃을 꽂았고' 완소오阮小五는 '귀밑머리에 석류꽃을 꽂았으며' 표자두豹子頭 임충林冲도 꽃을 꽂았고 금창수金槍手 서녕徐寧도 꽃을 꽂았다. 심지어 험상궂은 얼굴로 유명한 망나니인 채경蔡慶도 꽃 한 송이를 즐겨 꽂아 '일지화一枝花'라는 별호를 얻었다.

여기에서 알 수 있듯이 머리에 꽃을 꽂는 것은 보편적인 풍속이었으며 송나라인이 '꽃을 꽂는' 행위에 느끼는 특별한 감정이 사회 곳곳에 고루 퍼져 있었다. 나라가 위태로운 지경에 빠졌을 때나 기일이 아닌 이상, 송나라 사람들이 '머리에 꽃을 꽂는 것'을 막을 수 있는 것은 아무것도 없었.

- 변량 소년들이 머리에 꽃을 꽂고 다녔던 풍조: 심종문(沈從文)도 《중국고대복식연구(中國古代服飾研究)》에서 이렇게 말했다. '송나라 때는 경축행사, 명절, 길일, 황제가 출행할 때면 공경백관과 그 뒤를 따르는 시종부터 호위까지 꽃을 꽂지 않은 이가 없었고 황제 자신도 예외가 아니었다. 꽃의 모양과 사용하는 재료에 대해서는 모두 기록이 있고 구분이 명확하다. 영상 반영으로 상호 검증이 가능하다.

복식

조광윤이 세운 송나라는 거의 300여 년 내내 외부의 침략에 시달렸다. 호방함을 떨치며 나라의 영토를 넓혔던 당나라인의 기상은 송나라인에게서는 찾아볼 수 없었다. 그런 고로 송나라 때의 의관 양식에도 변화가 생겼다. 통치자들은 '정갈하기만 하면 된다', '사치스럽고 화려하면 안 된다'라는 복식 관념을 제창했다. 그래서 송나라 때 평민들의 복식은 생활하기 편하게 소박하고 실용적이었다.

북송 말기의 명화 <청명상하도>에는 형형색색의 인물 수백 명이 등장한다. 여기에서 남자들의 의복은 크게 두 종류로 나뉜다. 바로 긴 도포와 짧은 저고리다. 긴 도포를 입은 사람은 대개 관리나 문인, 부유한 평민인데 머리에는 두건이나 **복두**幞頭를 쓰고 아래는 긴 바지를 입고 장화를 신었다. 반면 농민, 짐꾼, 행상인 등 육체노동을 하는 사람들은 웃옷이 매우 짧고 맨발에 **삼신**이나 짚신을 신고 있다. 송나라인의 의복은 신분 차이를 반영할 뿐만 아니라 하는 일까지 대강 보여준다.

북송 초기, 조정에서는 의복과 모자에 진주와 옥 같은 장식을 달지 못하게 하고 각급 관리들의 복색에 대해서도 엄격한 규정을 정했다. 일반 백성들은 검정색과 흰색, 두 가지 색상의 옷만 입을 수 있었다.

한번은 이런 일이 있었다고 한다. 송태조의 딸 영경공주永慶公主는 궁에 들어 황제를 알현했다. 이때 공주는 새로 지은 겉옷을 입고 있었는데 오색 금사로 공작의 깃털을 하나씩 박아서 깁은 웃옷은 햇빛을 받아 반짝반짝 빛나 몹시도 화려하고 아름다웠다. 그런데 송태조는 공주를 보자마자 이렇게 말했다. "그 옷을 벗고 다시는 입지 말거라." 부황의 말을 들은 공주는 이해할 수가 없어 입을 삐죽이며 말했다. "궁에는 물총새의 깃털이 매우 많고 저는 공주인데 무엇이 문제이옵니까?" 송태조가 엄히 말했다. "바로 네가 공주이기 때문에 이토록 화려한 옷을 입고 다니며 뽐내면 다른 이들이 따라 하려 들 것이다. 전국시대에 제환공齊桓公은 자색 의복을 즐겨 입었는데 온 나라 사람들이 그를 따라 하는 바람에 자색 천의 가격이 몇 배나 올랐다. 네가 지금 입은 옷은 금실과 공작 깃털로 만들었는데 그런 옷을 한 벌 지으려면 얼마나 많은 돈이 드는지 아느냐? 다른 사람들이 너를 따라 했다가는 온 나라가 얼마나 많은 돈을 낭비하겠느냐? 지금 너는 충분히 높은 지위와 삶을 누리고 있으니 네가 누리는 것들에 만족해야 할 것이다."

송나라 초기, 조정에서도 백성들이 자색 옷을 지어 입지 못하게 금한 적이 있다. 자색은 권세 있고 존귀한 자들만이 쓰는 부귀를 상징하는 색이었기 때문이다. 그러나 송나라 때 백성들 사이에서는 하필이면 이 자색이 유행하여 송태종에 이르러서는 어쩔 수 없이 황제가 '**시속**時俗이 자색을 좋아하고 법을 어기는 자가 많으니 이 금령을 해제한다'고 했다.

권력과 통제가 백성들이 좇는 시류 앞에서 한 발 물러난 것이다. 복식 통제, 복식 등급은 끊임없이 백성들에 의해 무너져 '의관에 관한 제도는 상하上下가 하나로 하는 것'이 송나라 때 복장 문화의 가장 큰 특징이 되었다.

- 복두(幞頭) : 관리들이 쓰는 모자, 관모. 송대의 관모는 각이 지고 평평하며 2단으로 턱이 져 있음.
- 삼신 : 미투리. 생삼으로 거칠게 삼은 신.
- 시속(時俗) : ①그 시대의 풍속이나 유행. ②그 당시의 속된 것.

화장

당나라 때 귀부인들의 화려한 화장에 비해 송나라 때 여성들은 단아한 아름다움을 더 높이 샀다. 송휘종이 금나라로 끌려가면서 살구꽃을 보고 참담한 심경을 읊은 시에 나오는 '연한 연지 胭脂를 고르게 칠했다'라는 시구가 그 당시의 풍조를 여실히 보여준다. 《몽량록 夢梁錄》삼에는 분심 粉心, 합분 合粉, 연지 胭脂, 교매 膠煤 등 송나라 때 사용된 화장품에 대해 기록되어 있는데, 당나라인에게 사랑받았던 화장법인 양 볼에 연지로 점을 찍어 보조개를 그린 '면엽 面靨'과 미간에 붙이거나 그리는 꽃무늬 장식인 '화전 花鈿' 등에 대한 설명은 보이지 않는다.

송나라 때의 화장은 자연스럽고 수수한 편이었다. 눈썹은 주로 가늘고 길게 그렸는데 먼 산을 그리듯 눈썹을 그린, 고상하고 참신하고 산뜻한 '원산대 遠山黛' 도 있었고 '원앙미 鴛鴦眉'의 모습도 볼 수 있었다. 송나라 때 여인들은 앞 시대 여인들이 눈썹을 그리던 방식을 그대로 이어받아 먼저 원래 있던 눈썹을 밀고 먹으로 자신이 원하는 눈썹 형태를 그렸다. 당시에는 이미 눈썹을 그리는 데 빗 등을 이용했다. 여인들은 원래의 눈썹을 밀고 석대 石黛 등의 안료로 다양한 모양의 눈썹을 그렸다. 그렇게 그려낸 눈썹은 가늘고 굵음, 옅고 짙음의 차이가 있었다.

오위 吳渭의 시구 '오늘 아침 시집을 가는데 동경을 꺼내 짙은 눈썹을 그린다'에서 말한 것은 짙고 굵은 눈썹이었다. 장선 張先의 사 '다 지워지지 않은 화장이 옅어져 가늘고 흐릿한 눈썹이 꼭 글씨의 획 같구나.'에서 말한 것은 가늘고 옅은 눈썹이다. 눈썹 모양과 관련해서는 태평흥국 太平興國 연간에 한 비구니가 문수보살의 얇은 눈썹을 흉내 내 만들었다는 '천문수미 淺文殊眉' 외에 널리 사랑받았던 도훈미 倒暈眉, 횡연미 橫烟眉, 각월미 卻月眉는 모두 당나라 때부터 전해진 눈썹 모양이었다.

송나라 때 여인들은 주로 넓적한 달 모양을 그린 다음 달 모양 눈썹 한 끝, 위쪽이나 아래쪽에 붓으로 그러데이션을 했는데 짙은 색에서 옅은 색으로, 안에서 바깥으로 농담을 달리해 그윽한 분위기를 자아냈다.

눈썹을 다 그리고 나면 새빨간 입술연지로 입술을 다양한 모양으로 칠했는데 흔히 석류교 石榴橋, 만금홍 萬金紅, 대홍춘 大紅春, 소홍춘 小紅春 등의 스타일로 그렸다. 고대 시사에 자주 등장하는 '액황 額黃'도 얼굴 화장법 중의 하나였다. 액황은 그 이름의 뜻을 생각해보면 알 수 있듯이 이마에 노란색 안료를 바르는 것인데 궁에서 민간으로 전해진 까닭에 '궁황 宮黃'이라고도 불린다. 액황과 상대적인 것으로 '홍장 紅妝'이 있는데 이는 뺨에 붉은 가루를 바르고 입술에 입술연지를 바르는 화장법이었다. 가장 드문 것은 '소장 素妝'으로 얼굴에 하얀 연백분 鉛白粉이나 미분 米粉을 바르는 것으로, 얼핏 보면 모골이 송연할 정도로 얼굴이 새하얘지는지라 당시 사람들은 기이한 모습이라는 뜻으로 소장을 '복요 服妖'라고 했다.

머리 모양도 화장할 때 매우 중요하게 생각하는 부분이었다. 송나라 때 여인들의 머리 모양은 그전 시대에 비해 더 세련되고 다채로워졌다. 쌍나계 雙螺髻, 수나계 垂螺髻, 타마계 墮馬髻 등은 낮게 늘어뜨린 머리 모양이었는데 여인들은 쌍반계 雙蟠髻, 소반계 小盤髻, 쌍계 雙髻, 쌍환계 雙鬟髻, 조천계 朝天髻 등 높이 올리거나 유선형인 머리 모양을 훨씬 좋아했다.

- 석대(石黛) : 광물의 한 종류. 먼저 돌벼루에 갈아낸 뒤 물을 섞고, 그것을 찍어 눈썹을 그렸다. 수(隋)·당(唐)나라 이후에는 가공 과정을 거친 먹덩어리 나대(螺黛)를 많이 사용했는데 그것을 석묵(石墨), 화미묵(畫眉墨)이라 불렀다. 송대에 이르러서는 사용이 편리한 연묵(烟墨)이 발명되어 나대를 대체하게 되었다.
- 미분(米粉) : 얼굴에 바르기 위해 쌀, 찹쌀, 밤 등의 곡식을 분쇄하여 만든 가루. 참고로 미분에 비하여 피부에 밀착되는 납 성분이 첨가된 연분(鉛粉)도 있었다.

송나라 때의 혼례

송나라 때의 사회 풍조는 그전까지와는 상당히 달랐다. 사람들은 혼담과 관련해서 더 이상 가문을 따지지 않았고 사대부와 평민을 엄격히 차별하지도 않았다. 남녀가 짝을 고를 때는 주로 상대방의 관직이나 집안, 재물 등을 따졌다. 혼담이 오갈 때는 먼저 초첩草帖과 정첩正帖을 교환하는데 사주단자에는 남녀의 나이, 생년월일, 부모의 관직과 봉호 등을 적었다. 신랑 측에서는 신부 집으로 보내는 예물을 상세히 명기해야 했고 신부 측에서는 시집갈 때 가지고 갈 자산과 논밭을 모두 열거해야 했다. 일반적으로 부귀한 집안에서는 금반지, 금팔찌, 금피추金帔墜, 이른바 '삼금三金'을 비롯해서 화차花茶, 과일, 월병, 양, 술 등을 보냈고 가난한 집안에서는 직물 한두 필, 지폐의 일종인 관회官會 한두 꾸러미에 거위, 술, 차, 밀가루로 만든 둥글납작한 빵 등을 보냈다. 이와 확연한 차이를 보이는 것이 황실의 혼례인데 규모와 격조 면에서, 지출하는 비용 면에서 입이 다물어지지 않을 정도였다.

송이종宋理宗의 딸인 주한국공주周漢國公主의 혼례를 예로 들자면 이종은 미래의 사윗감을 고르자마자 그를 부마도위駙馬都尉에 봉하고 옥으로 만든 요대腰帶, 장화, 진홀塵笏, 말안장을 하사했다. 그밖에 붉은색의 비단 '홍라紅羅' 백 필, 은기銀器 백 쌍, 옷감 백 착, 예물 은자 만 냥을 주었다.

그뿐만 아니라 공주가 시집갈 때는 진주와 오색빛깔 금계錦鷄 9마리, 봉황 4마리로 장식된 봉관鳳冠 한 개와 꿩이 수놓인 화려한 옷 한 벌, 진주옥패 한 벌, 금혁대 한 개, 옥룡관玉龍冠, 수옥환綏玉環, 북주관화소자환北珠冠花梳子環, 칠보관화소자환七寶冠花梳子環, 진주 겉옷, 반소매 윗옷, 진주 비취 깃 사계四季 옷, 진주가 겹겹이 달리고 옥이 박힌 금기金器, 금칠을 한 그릇, 금을 붙인 그릇, 외출을 할 때 타는 금을 붙인 가마 등을 보냈다. 이밖에도 비단금사를 넣어 짠 휘장, 장식품, 자리, 방석, 융단, 병풍 등이 있었다.

송나라 때의 혼례의식은 당나라 때의 의식을 따라 '육례六禮'를 주로 하였으나 구체적인 진행 과정은 조금 달랐다. 예를 들어 송나라인의 혼례에는 '견건牽巾'이라는 예절이 추가되었다. 신랑과 신부가 혼례를 올릴 때, 양가에서 색무늬 비단을 한 가닥씩 꺼내 둘을 하나로 묶어 매듭지음으로써 신혼부부가 한마음 한뜻으로 백년해로할 것임을 표현했다. 신랑이 홀판笏板으로 한쪽 끝을 걸고 신부가 반대쪽 끝을 손에 걸치고 두 사람이 마주 선 뒤, 신랑이 뒤로 나가 먼저 집안의 사당에 가 참배하면 신부가 뒤이어 나간 다음, 두 사람이 비단을 묶은 채로 동방洞房에 들어 교배례交拜禮를 한다.

이밖에 송나라 때 이후로 유행한 것이 바로 가마 타기다. 이때부터 신랑이 신부를 맞이할 때는 주로 꽃가마를 준비하게 되었다. 당시 가마는 화교花轎를 가리키는 '홍교紅轎'와 남교藍轎를 가리키는 '녹교綠轎', 이 두 가지로 나뉘었는데 신부는 홍교를 타고 신랑은 녹교를 탔다. 후세에 신부는 꽃가마를 타고 신랑은 말을 타는 것으로 바뀌었다. 일반적으로 대부호 집에서 신부를 맞이할 때는 여덟 명이 드는 큰 가마를 사용했고 가난한 집에서 신부를 맞거나 첩을 들일 때는 네 사람이 드는 작은 가마를 사용했다.

- 금피추(金帔墜) : 귀족 부인의 예복으로 목에서 앞가슴까지 덮는 어깨 덧옷 하피(霞帔)에 장식하는 금 노리개.
- 육례(六禮) : 혼담이 오가면서부터 혼례를 마칠 때까지 치르는 전통 혼인의 여섯 가지 의식 절차로 납채(納采), 문명(問名), 납길(納吉), 납징(納徵), 청기(請期), 친영(親迎)을 말한다. 납채는 신랑 측이 매파를 청해 신부 측에 혼담을 넣는 것이다. 문명은 신랑 측이 매파를 청해 신부 측의 이름과 출생 연원일을 묻는 것이다. 납길은 신랑 측이 신부의 이름, 팔자를 사당에 가져가 집 사당에서 점을 치는 것이다. 납징은 납폐(納幣)라고도 하는데 신랑 측에서 신부 측에 예물을 보내는 것이다. 청기는 남자 측이 혼인할 날을 택해 예를 갖춰 신부 측에 알리며 동의를 구하는 것이다. 친영은 혼례를 치르기 하루 이틀 전에 신부 측에서 혼수와 이부자리를 보내고 이튿날 신랑이 직접 신부 집으로 가서 신부를 맞이해오는 것을 말한다.

셋집

송나라는 인구가 비교적 많이 옮겨 다닌 사회였다. 그중 일부 사람들이 삶의 터전을 옮긴 까닭은 안타깝게도 북방에서 일어난 전란으로 어쩔 수 없이 남쪽으로 도망쳐야 했기 때문이다. 그러나 이러한 경우는 많지 않고 유동 인구가 많았던 주원인은 다음 몇 가지가 있다. 하나, 상인들이 물건을 팔기 위해 여러 지역을 떠돌았다. 둘, 학자들이 먼 길을 마다않고 과거를 보기 위해 경성으로 향했다. 셋, 중앙과 지방 사이를 오가는 인사이동 탓에 관리들이 많이 옮겨 다녔다. 넷, 친구들끼리 명산을 유람하며 여행을 즐겼다.

이런 사람들의 수요를 만족시키기 위해 음식, 숙박, 교통 등 관련 산업이 생겨났다. 배를 채우기 위해 음식점을 찾았고 잠을 자기 위해 객점을 찾았으며 수로를 타고 이동하기 위해 배를 빌렸고 육로를 따라 가기 위해 마차를 빌렸다. 그리고 어느 지역에서 한동안 머무르는 데 쓰려고 집을 살 형편은 안 되는지라 셋집을 구할 수밖에 없었다.

북송 초, 고관과 귀인들도 셋방살이를 할 수밖에 없었다. 인종이 황제로 있을 때, 재상이던 한기에게 말했다. "옛부터 나라의 녹을 먹는 관리들 중에 경성에서 셋방살이를 하는 자가 셀 수 없이 많았다."

대학사大學士 구양수는 경성에서 관직을 맡고 있던 여러 해 동안 집 한 채를 사지 못했는데 그 괴로운 심사를 친구에게 보낸 편지에 담았다. '줄곧 다 쓰러져가는 낡은 집에서 세 들어 사는 내 신세가 몹시 처량하다.'

경성에 집을 사지 못한 또 한 사람의 대학사는 소식이었다. 그는 아들을 혼인시킬 때도 친구의 집을 빌려 혼례식을 치렀다.

남송의 임안臨安은 '돈이 있어 집을 지을 수 있는 자는 천만 중에 한둘에 불과하고 집을 짓고 나서도 살 수 있는 자는 손에 꼽힌다.'라고 했다. 임안성에 사는 사람 중에서 집을 지을 만큼 돈이 있는 사람은 적었고 집을 다 지은 뒤에도 생계를 유지할 수 있는 자는 몹시도 적었다는 말이다. 이 같은 상황에서 대다수 사람들은 셋집을 얻어 살 수밖에 없었다.

송나라 때 도시에는 셋집을 구하려는 사람들이 무척 많았기에 주택 임대 시장이 매우 활성화되어 있었다. 큰 도시에서 집을 세놓는 사람들은 기본적으로 돈 걱정은 접어두고 살았다.

사마광은 이런 말을 했다. '식구가 열 명인 집에서 한 해에 100석石을 거두면 식구들이 먹고살 수 있다. 매달 15관貫을 집세로 받으면 하루를 쓸 수 있다.'

상황이 이러하니 조정까지 부동산 시장에 뛰어들어 도성과 각 주에 누점무樓店務를 설치하여 관사를 임대하며 이윤이 많이 남는 부동산 임대 시장의 한 축을 맡았다. 남송의 임안에서는 조정이 관사에 세든 사람의 집세를 자주 감면해주었는데 1년에 1푼도 안 받는 경우도 있었다. 어려운 백성들의 삶을 보살핀 예라고 할 수 있겠다.

- 누점무(樓店務) : 송나라 때의 점택무(店宅務)는 누점무라고도 불렸는데, 국가 행정 기관 중의 하나로서 국유부동산을 관리하고 유지 보수하는 일을 맡았으며 관사를 빌린 사람들에게서 집세도 받았다. 누점무가 생겨난 것은 당시 많은 사람이 도시로 흘러들어와 부동산 임대 시장의 호황을 불러, 자고 일어나면 올라 있는 집세를 감당할 수 없어 집을 빌리지 못하고 길거리에서 노숙하는 사람들이 갈수록 많아진 탓이 크다. 그래서 사회를 안정시키기 위해 북송 조정에서는 '집을 싸게 임대하는' 정책을 만들고 누점무를 설립했다.

가사 관리

송나라 때는 무력은 약했으나 경제력은 매우 강해 상공업이 이전 시대보다 훨씬 발달했다. 시장에는 신흥 산업들이 생겨났는데 그중 가사 관리 서비스는 당시 가장 발달한 산업 중 하나였다. 풍몽룡馮夢龍의 《고금소사古今笑史》에 이런 내용이 있다.

'명칭이 달랐다. 몸종, 하녀, 물품을 구매하는 사람, 침모, 손님을 맞이하는 사람, 오락을 맡은 예인, 빨래를 맡은 사람, 거문고 시중을 드는 아이, 바둑 시중을 드는 아이, 부엌일을 맡은 식모 등이 있다. 그중 식모가 가장 낮았는데 그럼에도 부귀한 집이 아니면 쓸 수 없었다.' 여기에서 열거한 다양한 사람들은 바로 오늘날의 보모, 집사, 침모, 청소부 등이다. 이로 보아 송나라 때는 가사 관리 업무를 매우 상세하게 나눴음을 알 수 있다.

이런 수많은 업무 중에서도 가장 하급이었던 식모도 보통 사람은 부를 수도, 쓸 수도 없었다. 어느 지방의 관리가 동경에서 고급 식모를 고용했는데 네 사람이 드는 큰 가마에 태워 모셨다고 한다. 그런데 행동거지가 소탈하고 우아하며 글을 알 뿐만 아니라 셈까지 할 수 있어서 관리의 친구들이 잇달아 축하하러 와서는 그녀의 요리 솜씨를 한번 구경하고자 했다.

이에 그녀는 자신이 가져온 도구들을 꺼냈는데 냄비며 국자, 접시며 사발이 모두 은으로 만든 것들이었고 칼이며 도마도 정교하기 이를 데 없었다. 이것들을 가지고 '양두검羊頭瞼'이라는 요리를 만들었는데 양머리 10개를 쓰되, 머리에서 눈꺼풀에 있는 살만 발라내고 나머지는 버려서 보는 이들의 입이 떡 벌어지게 만들었다.

《동경몽화록》에 이런 내용이 있다. '남자 하인, 잡부, 요리사와 같은 사람을 고용할 때는 이들을 공급해주는 행로行老가 있다. 여자 하인은 아인牙人에게 인도한다.' 여기에서 말하는 '행로', '아인'은 오늘날의 가사도우미 중개소와 비슷하다. 하인, 보모, 공예가 등을 고용하고 싶으면 '행로', '아인'을 찾아가 소개해달라고 하면 되었다. 남송의 가사도우미 중개 서비스는 훨씬 더 세심했을 것이다.

이 '행로', '관사아수官私牙嫂'들은 담보망을 결성하기도 했다. 예를 들어 고용된 하인이 도망가거나 물건을 훔치면 '이런 일을 맡은 현지의 노복이 확인한 뒤에' 추적했다. 이밖에도 송나라 때 시장에는 '사사육국四司六局'이 있었는데 음식 준비, 손님 접대, 연회 마련과 관련된 일을 전담하는 기관으로 별의별 서비스를 모두 제공하였으며 가격도 합리적이었다.

천여 년 전의 송나라 때도 백성들의 삶의 질이 이토록 높고 도시 경제가 그토록 발달했다니 진심으로 탄성이 나오며 많은 것을 생각하게 된다.

- 사사육국(四司六局) : 사사란 장설사(帳設司, 탁자, 휘장, 자리, 병풍 등의 일을 맡음), 주사(廚司, 요리와 관련된 일을 맡음), 다주사(茶酒司, 차, 술, 손님 영접, 배웅 등을 맡음), 대반사(臺盤司, 음식을 내오거나 잔을 받는 등의 일을 맡음)를 말한다. 육국이란 과자국(果子局, 제철과일 등을 맡음), 밀전국(蜜煎局, 당밀(糖蜜) 화과(花果) 등을 맡음), 채소국(菜蔬局, 채소 구매 등을 맡음), 유촉국(油燭局, 등불을 밝히는 일, 숯을 태워 난방을 하는 일 등을 맡음), 향약국(香藥局, 향료 및 해장국, 해장약 등을 맡음), 배판국(排辦局, 그림 걸기, 꽃꽂이, 비질, 걸레질 등을 맡음)을 말한다.

모든 나라가 조공을 바치는 나라

송나라는 당나라만큼 영토가 넓지도 않았고 무력이 강하지도 않았다. 북송 왕조가 중원에서 상대적인 통일을 이루기는 하였으나 요遼, 하夏, 금金 등 주변 소수민족 정권이 호시탐탐 노려 오랜 세월 그들과 대치하고 있었다. 더욱이 남송 조정은 한쪽에 치우쳐져 있어 금나라와 굴욕적인 강화조약을 체결하기도 했다.

그럼에도 송나라 조정은 발달한 해외 무역을 기반으로 세계 곳곳 민족의 발걸음을 중원으로 이끌어 '모든 나라가 조공을 바치고 주변국들이 모두 복종하는' 모습으로 정치적 위신을 높이고 전제 통치를 강화했다.

송나라에서 봉행한 '많이 주고 적게 받는' 회사回賜 제도는 수많은 조공 사절단을 끌어들였다. '많이 주고 적게 받는다' 함은 공물의 가격을 환산한 다음, 그 가격을 반올림하여 정수로 만들어 하사품을 내리는 것이다. 이밖에도 국왕(지도자), 사자에게도 하사품과 예물을 넉넉히 내렸다.

다시 말해 사신이 바친 공물이 많을수록 송나라에서 답례로 주는 하사품도 많아진다는 뜻이었다. 우전于闐은 송나라 조정의 심리를 가장 잘 알고 있는 조공국이었을 것이다. 우전은 송나라에 보내는 표문에서 송나라 황제를 '동방에서 뜬 해의 빛나는 큰 빛이 천하를 비추니 천하의 관주貫主이자 아구阿舅, 대관가大官家'라고 불렀다. 이는 왜국의 오노노 이모코小野妹子가 수양제隋煬帝에게 보낸 서신에서 '해가 뜨는 곳의 천자가 해가 지는 곳의 천자에게 서신을 보낸다'고 한 것보다 훨씬 고명한 표현이었다.

이런 상황에서 전희錢熙라는 사람이 만여 글자를 거침없이 써내려간 〈만국래조부滿國來朝賦〉를 바쳤다. 유명한 화가 이공린은 사실을 바탕으로 〈만국직공도滿國職貢圖〉를 그렸는데 토번吐蕃, 빈동룡賓童龍, 섬라暹羅, 회골回鶻, 여왕女王, 부상扶桑, 재니滓泥, 여송女送, 삼불제三佛齊, 달단국韃靼國 등 10개국 사자들의 초상화가 그려져 있고 초상화 뒤에는 각각 종이에 예서隸書로 표제가 달려 있었는데 첫 번째 줄에는 공물을 진상한 나라의 이름이, 뒷면에는 이 나라의 역사, 지리, 풍속 등이 적혀 있었다. 이밖에 소한신의 〈직공도〉 역시 이 시기의 직공職貢을 소재로 한 대표적인 작품이다.

- 회사(回賜) 제도는 수많은 조공 사절단을 끌어들였다 : 옹희(雍熙) 3년(986년), 조광의(趙光義)는 요와 교지(交趾) 정복을 포기하고 이듬해 내시 환관 8명을 4조로 나눠 공명(空名) 조서와 얼마의 하사품을 가지고 남해 각국으로 향해 진상을 하도록 했다. 여기서 말하는 진상은 해외 각국의 지도자들에게 중국으로 와서 '조공을 바치라'는 뜻이었다. 이들 국가가 중국에 조공을 바친 까닭은 정말로 송나라의 패권에 굴복해서가 아니라 중원 왕조에게는 주변 국가를 끌어당기는 힘이 있었으니, 바로 조공만 하면 그보다 더 큰 재물을 보답으로 주었기 때문이다.
- 우전(于闐) : 서역에 있던 작은 나라. 옥(玉)의 산지로 유명했음.
- 예서(隸書) : 전서(篆書)보다 간략하고 해서(楷書)에 가까운 서체.
- 직공(職貢) : 제후국(諸侯國)에서 상국(上國)에 바치는 공물(貢物).

송나라의 음식남녀

송나라의 먹을거리

글。통제 佟婕

중국의 번창하고 정교한 미식 문화는 송나라 때 정식으로 발전하기 시작했을 가능성이 크다. 《동경몽화록》에서 《무림구사》까지, 송나라의 상점과 음식점이 매우 번영했음을 입증하고 있기 때문이다. '고개를 들어 둘러보면 죄다 화려한 주렴이 드리워진 으리으리한 청루뿐이라. 화려하게 장식한 가마들이 앞다투어 큰길가에 세워져 있고 귀한 명마가 대궐로 향하는 어가御街를 마음껏 질주한다.'

세상의 온갖 진귀한 것들과 각지의 다양한 먹거리, 모든 나라의 물건들이 상점에서 거래되었다.

대추를 넣고 찐 떡인 조고棗糕에는 제비 모양이나 사자 모양도 있었다. 꿀에 잰 과일인 밀전蜜錢에는 무늬를 조각한 것도 있었고 가장 달콤한 것은 '소엽아笑靨兒'라고 불렀는데 미녀의 웃는 얼굴과 꼭 닮았다고 전해진다. 수박의 일종으로 수박을 생화 모양으로 조각하였다고 해서 '화과花果'라고 불리는 과일도 있었다. 이밖에도 '수당獸糖'이라고 불리는 당과糖菓가 있었는데 끓여서 녹인 단물을 짐승 모양의 틀에 넣고 식힌 것으로 사슴, 호랑이 등 다양한 모양의 수당은 아이들의 눈과 입을 즐겁게 했다.

변량성을 두루 둘러보면 100여 곳이 넘는 점포가 있었고 그중 주루와 각종 음식점이 절반 이상을 차지했는데 청풍루淸風樓, 장경루長慶樓, 장팔가원택정점張八家園宅正店, 회선루정점會仙樓正店 등 대형 고급 주루가 '72곳'이나 있었다. 부정확하기는 하나 통계에 따르면 이런 곳에서 파는 음식으로는 '유취양乳炊羊, 양각요자羊角腰子, 연화압첨蓮花鴨簽, 반토盤兔, 초토炒兔, 총발토蔥潑兔, 금사두갱金絲肚羹, 전암자煎鵪子, 초합리炒蛤蜊' 등 하늘, 땅, 물에 사는 생물은 모조리 식탁에 올렸다고 해도 과언이 아닐 만큼 그 수를 셀 수 없이 종류가 다양했다.

그런데 먹는 것을 참 좋아했던 소동파는 이 중 어느 집에 가봤을까?

소동파가 〈노도부老饕賦〉에서 '천하의 맛있는 음식들은 모두 노도老饕인 내가 좋아하는 것'이라고 솔직히 말한 것으로 볼 때, 송나라 때의 화통한 선비들은 더 이상 전설 속의 탐욕스러운 신수 '도철饕餮'에 대해 편견이 없었나보다. 이때부터 '노도'라는 단어도 미식을 즐기면서도 고상함과 우아함을 잃지 않았던

- 노도(老饕) : 대식가.
- 도철(饕餮) : 중국 고대 신화에 등장하는 전설의 동물로 몸은 소나 양을 닮고, 호랑이 이빨에 뿔은 굽었으며 얼굴은 사람과 같았다. 성격은 포악했으며, 욕심이 많아 약한 사람을 괴롭히고 타인의 재물을 강탈했다. 엄청나게 음식을 탐하여 뭐든지 먹어치웠다고 한다.

송나라 때 명사들을 부르는 칭호가 되었다.

  소식과 어깨를 나란히 하는 황정견은 〈사대부식시오관士大夫食時五觀〉이라는 글에서 사대부의 식생활에 대한 이해와 인식을 더욱 체계적으로 정리했다. 그는 서문에서 이렇게 말했다. '옛날 군자의 경우 〈향당鄕黨〉, 〈곡례曲禮〉에 음식에 관한 가르침이 있었다. 그런데 사대부는 주연에만 가면 그것을 잊어버리나니! 그런고로 석가모니의 가르침에 따라 사대부가 음식을 취할 때의 오관五觀에 대해 쓴다.'

  다시 말하면 황정견이 볼 때, 사대부의 식생활은 마땅히 '예'를 따라야 하는데 작금의 사대부들은 모임이나 연회에 가면 이런 성인의 가르침을 모두 잊어버리고 말기에 이 글을 지어 후세의 모범으로 삼고자 했다.

  옛 서적들을 뒤적여보면 송나라 때의 선비들은 술과 고기를 즐겼던 당나라 때의 호협豪俠에 비해 봄철에 나는 죽순과 순채蓴菜를 찬송하는 편이었다.

  그들은 그 나름의 풍격이 있었으니, '깊은 샘물에서 물을 길어다 비벼서 씻은 다음, 깨끗이 씻은 채소의 이파리와 줄기를 둥글게 빚는' 미식에 대한 정취이기도 하고 안빈낙도하고 살생을 하지 않는 고상한 지조이기도 했다.

  그래서 소식, 황정견, 주희, 육유, 범성대, 양만리 등 송나라 때 시사의 대가를 둘러보면 종종 채소를 소재로 글을 지었으며 음식을 대하는 성정을 선禪, 유儒의 경지와 연관 지었다. 어쩌면 고결한 채식이 송나라 사대부의 영혼을 더욱 총애했을 수도 있다.

  잡히는 대로 양만리의 《기장정수자순경記張定叟煮筍經》을 펼쳤더니 이런 시가 있다.

강서의 묘순猫笋은 아직 싹이 나지 않았네.
눈 덮인 옥토가 신선하고 달콤한 묘순을 기르고 있지.
죽순 삶는 특별한 방법을 알고 있는 선생께서

- 사대부식시오관(士大夫食時五觀) : 북송의 유명 시인 황정견의 문집 《산곡집(山谷集)》에 실린 글이다. 사대부들이 음식을 먹을 때 지녀야 하는 다섯 가지 덕목을 정리하였다.
- 호협(豪俠) : 호방함과 의협심.
- 순채(蓴菜) : 수련과의 여러해살이 수초(水草). 줄기는 원뿔 모양이고 물에 잠겨 있으며 잎은 어긋나고 물 위에 떠 있다. 7~8월에 어두운 붉은 자주색 꽃이 긴 꽃대 끝에 하나씩 피고 열매는 달걀 모양으로 물속에서 익는다. 어린잎은 식용한다.

송나라의 먹을거리

글。통제 佟婕

식초와 소금을 넣지 말라고 단단히 이르시네.
반드시 바위 아래에서 흐르는 맑은 샘물로
겨울에 난 죽순 새순을 삶아 달짝지근한 즙을 내야 한단다.
엄동설한의 날씨를 이기고 움튼 어린 싹을 씹으면
얼음이 깨지는 것 같은 청량한 소리가 나네.
남은 술은 달빛과 함께 마실 수 있지.
허명을 날리는 송이버섯과 닥나무에 난 버섯도 죽순만 못하나니.
취기를 떨치려 술로 해장할 필요가 있겠는가?
죽순 한 사발이면 자연히 깰 것을.
대부분의 요리가 이러하니,
밋밋하게 요리해야만 진정한 맛을 느낄 수 있는 법.
선생은 이러한 죽순 삶는 법을 널리 알릴 생각이 없으시니,
내가 선생을 대신하여 시를 지어 이 요리법을 널리 알리노라.

　　제목에 나온 이 장정수張定叟라는 인물은 남송의 명신 장진으로 금나라에 맞선 명재상 장준張浚의 차남이다. 장진은 명문대가 출신으로 양만리를 비롯한 명사들과 깊은 우정을 나눴다. 이 시에서 양만리는 장진에게서 죽순을 삶을 때는 식초와 소금을 넣지 말라는 요리 정보를 얻어 특별히 '내가 선생을 대신하여 시를 지어 이 요리법을 널리 알리겠다'고 했다.
　　이는 위진 시대의 풍류인 '임하풍林下風', 즉 세상을 등진 은사隱士의 청아하고 고상한 수신修身 풍격이다. 주희는 이렇게 말했다. '풀뿌리를 씹을 수 있는 사람은 무슨 일이든 다 할 수 있다.' 후세는 아마도 그들의 고지식하고 케케묵은 사상을 비웃고 싶었는지도 모르나 기실 스스로 자신의 행동거지를 엄히 살피는 자율自律 정신이 바로 중국 전통 문화의 토대다. 사실 송나라 때의 모든 것들, 미식과 풍류까지도 동경을 자아낸다. 저자의 백성들이든 벼슬아치들이든 틀림없이 그 안에서 기꺼워했을 것이다.

• 수신(修身) : 나의 몸과 마음을 바르게 닦아 품성, 지식, 도덕 따위를 높은 경지로 끌어올림.

동파육

소동파의 이름이 천고에 길이 남을 수 있었던 데는 뛰어난 시문 외에도 그와 관련된 미식이 한몫했다. 소동파도 미식가라고 할 수 있었다. 그는 미식에 관한 시가와 문장을 매우 많이 남겼는데 오늘날 '동파'라는 이름이 붙은 유명한 요리만 해도 동파주자東坡肘子, 동파어東坡魚, 동파두부東坡豆腐, 동파병東坡餠, 동파갱東坡羹, 동파소東坡酥, 동파옥삼東坡玉糝, 동파아회東坡芽膾 등 셀 수 없이 많다.

그중 가장 유명한 것은 당연히 동파육인데 이 동파육을 맨 처음 만든 사람이 바로 소동파라고 전해진다.

희녕熙寧 10년(1077년), 소동파는 서주지주徐州知州로 부임한다. 그해 가을, 황하黃河가 범람하여 서주에 홍수가 나 2장 8척이나 되는 물에 갇힌 백성들은 이러지도 저러지도 못하는 상황이 되었다. 부임한 지 얼마 안 된 소식은 친위를 데리고 직접 삼태기를 들고 진흙을 퍼내며 서주 백성들과 일심동체가 되어 홍수를 막고 제방을 쌓았다. 두 달이 넘도록 홍수를 막는 데 총력을 기울여 마침내 서주는 위태로운 상황에서 벗어났다.

이에 서주 백성들은 백성을 끔찍이 아낀 소동파에게 감사의 뜻으로 갓 잡은 돼지 한 마리를 바쳤다. 백성들의 깊은 마음을 거절할 수 없었던 소동파는 결국 그 돼지를 받았고 집안 요리사에게 돼지고기를 네모지게 썰어 생강, 파, 흑설탕, 맛술, 간장을 넣고 돼지고기가 물러질 때까지 푹 삶으라고 시키고는 함께 홍수를 막은 서주 백성들에게 답례로 주었다. 동파육은 이렇게 해서 생겨나게 되었으며 소동파가 답례로 준 음식이란 뜻으로 '회증육回贈肉'이라고도 불렀다.

원우元祐 4년(1089년), 소식은 항주로 부임했다. 당시 서호西湖는 오랫동안 제대로 돌보지 않아 '웃자란 들풀이 사방에 뒤죽박죽 퍼져 서호를 가득 덮고 있고 풍년에도 거둬들일 수 있는 것이 없으며' 호수가 범람하고 호수 안에는 풀이 가득 자라 있었다. 소식은 항주에 부임하자마자 사람들을 이끌고 서호 바닥에 쌓인 진흙을 퍼내서 풀뿌리가 자라 진탕이 된 논밭을 정돈해 아름답던 서호의 옛 모습을 되찾게 했다. 서호의 영향으로 쇠락했던 농업도 점차 좋아지기 시작했고 그 덕을 본 백성들은 소동파에게 감지덕지했다.

새해가 되자 백성들은 그가 가장 좋아하는 돼지고기와 좋은 술을 바쳤는데 이번에도 소동파는 요리사에게 돼지고기 요리를 만들게 해 백성들에게 되돌려주었다. 그런데 요리법을 잘못 전달받은 요리사가 술까지 돼지고기에 부어 요리하고 말았다. 그 결과, 술을 넣어 만든 돼지고기 요리가 이전보다 훨씬 풍미가 넘친다는 사실을 알게 되었다.

이에 요리사를 찾아가 동파육 요리법을 알려달라고 하는 사람들이 줄을 이었고 장사꾼들이 이것을 계기로 동파육을 대대적으로 홍보하면서 동파육이라는 요리가 천하 곳곳에 알려지게 되었다.

훠궈와 콩나물

중국 역사상 훠궈火鍋에 관한 최초의 기록이 발견된 시기는 송나라 때다. 송나라 인 임홍林洪의 《산가청공山家清供》에 다음과 같은 내용이 있다.

'선생께서 말하길, 산에서는 술, 장醬, 향신료에 재워 풍로風爐를 탁자 위에 놓고 탕관湯罐에 물을 반 정도 넣고 펄펄 끓인다. 그러고 나서 각자 젓가락을 들고 고기를 집어 끓는 물에 담가 익혀서 먹는다. 각자의 입맛대로 조미료를 찍어 먹는다.'

임홍은 미식을 추구하는 문예인이었다. 비록 자신의 조상이 '매화를 아내 삼고 학을 자식 삼았다는' 은사 임화정林和靖이라고 했으나 그는 조상의 생활방식을 따르지 않고 천하를 둘러보고 산천을 오가며 맛있는 식재료를 찾는 데 열중했다. 《산가청공》은 그가 미식을 찾아 발품을 팔면서 쓴 글이다.

어느 해 겨울, 임홍은 무이산武夷山을 지나다가 뜻하지 않게 살이 오동통하게 오른 채 겨울잠을 자지 않고 돌아다니던 산토끼를 잡았다. 찬바람이 옷깃을 파고드는 겨울날, 임홍은 통통한 산토끼를 들고 어찌할 바를 몰랐다. 아무것도 없는 산중에는 대자연이 준 이 선물로 맛있는 요리를 해줄 요리사가 없었기 때문이다. 참으로 아깝다 여기고 있을 때, 미식가가 비밀스럽게 요리 방법을 알려줬다. '선생께서 말하길, 산에서는 고기를 술, 장, 향신료에 재워 풍로를 탁자 위에 놓고 탕관에 물을 반 정도 넣어 펄펄 끓인다고 한다. 그러고 나서 각자 젓가락을 들고 고기를 집어 끓는 물에 담가 익혀서 먹는다. 각자의 입맛대로 조미료를 찍어 먹는다.'

임홍은 그가 알려준 대로 손질을 마친 산토끼를 얇게 저며 포를 뜬 다음, 김이 모락모락 오르는 끓는 물에 살짝 담가 흔들었다. 그랬더니 토끼 고기가 금세 꽃구름 같은 색으로 변했다. 임홍은 '주장, 향신료'를 잔뜩 묻힌 토끼 고기를 입에 넣었다. 순간, 토끼 고기의 신선한 맛과 조미료의 상쾌하면서도 알싸한 맛이 어우러져 태어나서 처음 느껴보는 맛이 입안에서 퍼져나갔다.

임홍은 이 조리법에 매료되어 당시 '파도가 맑게 갠 날 흩날리는 흰 눈 같고 바람에 붉은 저녁놀이 용솟음치는' 아름다운 풍경을 빌려와 이 같은 요리법에 '발하공撥霞供'이라는 낭만적인 이름을 붙였다.

산에서 돌아온 뒤로도 임홍은 이 요리법을 널리 퍼뜨렸다. 이를 바탕으로 사람들은 점차 더 많은 신선한 고기와 채소를 이 조리법에 따라 끓는 물에 담가 익힌 다음 소스를 더해 먹으면 그 맛이 무궁무진하다는 사실을 알게 되었다. 그렇게 이 조리법은 갈수록 유행하여 '훠궈'가 오늘날까지 전해지게 되었다.

'화로를 둘러싸고 모여 앉아 밥을 지으며 환호하는 곳에서 온갖 맛이 작은 솥 안에서 어우러지네.', '저마다 뱃속에서 달라는 대로 취하고 좋아하는 것을 먹는다.' 등등 훠궈에 관한 시구들에서는 여러 사람이 즐겁게 모여 누리는 화기애애한 분위기를 느낄 수 있다.

- 풍로(風爐) : 화로의 하나. 흙이나 쇠붙이로 만드는데, 아래에 바람구멍을 내어 불이 잘 붙게 하였다.
- 탕관(湯罐) : 국을 끓이거나 약을 달이는 그릇. 쇠붙이나 오지로 조그마하게 만드는데 흔히 손잡이가 달려 있음.

채식

송나라인은 채식을 특히나 즐겼다. 아마도 이는 당시에 불교가 성행했던 것과 관련이 있을 것이다. 보통 평민이든 고관과 귀인이든 다들 평상시에 채식을 했다. 남송의 시인 육유는 〈대식희작對食戲作〉이라는 시를 지어 채식을 좋아하는 자신의 심경을 이야기했다.

'서리 남은 채소는 담백하면서도 달고 봄이 머잖은 초록 싹은 부드럽다. 그대로 뜯어와 삶고는 소금 간은 전혀 하지 않는다.'

송나라인은 채식 방법도 다양했다. 북송의 도시에 있는 시사市肆에서는 오늘날의 채식 음식점처럼 채식만 판매하는 곳이 있었다.

오자목의 《몽량록》에 언급된 변경의 채식만 해도 수백 가지나 된다. 당시의 채식 요리 이름도 꽤 흥미로운데 '가자압假炙鴨', '가합리假蛤蜊', '가양시건假羊時件', '가려시건假驢時件' 등 대부분 '가짜고기假肉'라는 이름을 붙였다. 이런 채소 요리는 고기 요리와 모양이 비슷할 뿐만 아니라 맛도 비슷한 부분이 있어 아주 잘 만든 것의 경우, 진짜보다 더 진짜 같기도 했다.

송나라 때 일부 사찰에서도 채소 요리를 고기 요리와 비슷하게 만드는 데 열을 올렸다. 예를 들어 무나 가지에 밀가루 등의 원료를 섞어 '돼지고기'를 만들기도 하고 콩 제품, 마늘 간 것으로 '기름에 튀긴 생선'을 만들기도 했으며 녹두가루에 물을 섞어 '비둘기 알'을 만들고 당근에 감자를 섞어 '게살'을 만들기도 했다.

그러나 대학자 주희朱熹는 고기 요리를 흉내 낸 수많은 채식에는 관심을 보이지 않고 자연에서 얻은 야채의 싱싱한 맛을 즐겼다. 이를 위해 주희는 《차유수야소식십삼운次劉秀野蔬食十三韻》을 지어 심순心筍, 자강子薑, 목이木耳 등 자신이 좋아해 마지않는 열세 가지 야채에 대한 마음을 종이에 옮겼다. 그중 일수一首 〈한채䔛菜〉에서 이렇게 말했다.

'풀에는 진성眞性이 있어 춥고 시린 산골짜기 시내에서도 유유자적한다. 나약한 이라도 그 뿌리를 한입 먹으면 전혀 다른 이가 되어 의기가 북받쳐 기개 있는 자가 된다.' 야채의 성격까지 대략 파악해낸 것이다.

• 시사(市肆) : 시전(市廛). 시장 거리의 가게.

밀가루 음식

소가 든 만두 포자包子는 송나라 이전에는 포자가 아닌 만두饅頭라고 불렸다. 그러다가 송나라 때 소가 있는 밀가루 요리가 만두 종류에서 갈라져 나와 '포자'라는 독립적인 이름으로 불렸다. 포자 가게는 주루나 찻집만큼이나 흔했다. 《동경몽화록》에도 포자가 등장하는데 '길 동쪽에는 차가탄車家炭, 장가주점張家酒店이 있고 그다음으로 왕루산동매화포자王樓山洞梅花包子……'라는 글귀가 있다.

북송 사람 도곡陶谷은 《청이록淸異錄》에서 당시 음식점에서 이미 '녹하포자綠荷包子'를 팔았다고 했다. 남송에 이르러서는 '포자주점包子酒店'까지 생겨나 거위와 오리고기 소를 넣은 포자를 팔기도 했다.

송나라인은 다들 포자를 좋아했는데 황제도 마찬가지였다. 송나라인 왕영王栐의 《연익이모록燕翼詒謀錄》에 다음과 같은 기록이 있다. '인종仁宗의 탄신일에 신료들에게 포자를 하사했다.' '포자'에 대해서는 후에 '만두의 별칭이다.'라고 주를 달았다. 지금까지도 개봉에는 '일품포자一品包子'라는 유명한 간식이 있다.

포자는 모양이 매우 다양했는데 《몽량록》, 《무림구사》 등에 나오는 것만도 대포자大包子, 아압포자鵝鴨包子, 박피춘견포자薄皮春繭包子, 하육포자蝦肉包子, 세함대포자細餡大包子, 수정포아水晶包兒, 순육포아筍肉包兒, 강어포아江魚包兒, 해육포아蟹肉包兒, 야미포자野味包子 등 10여 가지나 됐다.

이처럼 다양한 포자 속에 들어가는 소도 가지각색으로 단 것, 짠 것, 싱싱한 것, 매운 것, 채소, 고기 등등 사용하는 재료가 무척 다양했다. 그중에서도 가장 유명한 것은 변경 성안의 '왕루산동매화포자'였다.

원경袁褧은 《풍창소독楓窓小牘》에서 이 포자가 '세상에 널리 이름을 떨쳤다'고 했는데 이 '매화포자'가 바로 피 안에 육즙이 들어있는 만두를 일컫는 '관탕바오灌湯包'의 초기 모습이었다.

포자는 매우 정교하게 만들 수도 있지만 가난한 사람들의 주린 배를 채워주는 음식이기도 했다. 말년에 몹시 곤궁한 삶을 살았던 시인 육유에게 포자는 매우 의미 있는 음식이었다. 육유의 붓끝에서 표현된 포자는 배부르면서도 체면 차릴 필요가 없는 음식이었다.

가난한 살림이라 진귀한 요리는 없고 추운 겨울 날,
구름은 끝없이 펼쳐져 있구나.
화살 한 쌍이 막 과녁에 박혔는데
포자包子는 벌써 쟁반에 담겼네.
젓가락을 내려놓고 불룩 솟은 배를 문지르며
소동小童을 불러 차를 우리라 하네.
양서瀼西에 사는 옛 벗들의 삶보다 더 흡족한 삶이리니,
푸성귀를 기르는 일은 원리園吏에게 맡겨야겠구나.

음료

〈청명상하도〉에서는 '구주왕원외가久住王員外家' 여인숙 앞에 커다란 차양막을 펼쳐둔 노점에 걸린 목패木牌에 '향음자香飮子'라고 쓰여 있다. '향음자'는 '탕湯'이라고도 불렀는데 바로 송나라 때의 음료를 가리킨다.

송나라인은 대개 꽃, 과일, 약초 등을 넣고 푹 끓였는데 이렇게 끓여서 나온 즙이 '음자飮子'였다. 사람들은 이러한 음료를 마시면 갈증 해소는 물론이고 만병을 치료할 수도 있다고 믿었기에 집집마다 즐겨 마셨다. 《사림광기事林廣記》에 보면 사람들은 꽃과 과일을 소금에 절였다가 햇볕에 말리고 다시 불에서 익힌 다음, 곱게 빻아 용기에 담아서 저장했다. 또 '봄, 여름, 가을, 겨울에 피는 꽃 중에 향기가 있고 맛이 달면 모두 이러한 방법으로 만들 수 있었다.'

송나라인은 일반적인 음료 외에도 여름철에 차가운 음료를 즐겨 마셨다. 염천의 날씨에 뜨거운 햇볕 아래를 걷다보면 덥기도 하고 목도 말랐다. 이때 송나라인은 여인숙 앞에 있는 노점에서 더위를 가시게 하는 음료를 사 꿀꺽꿀꺽 마셔서 온몸을 휘감는 더위를 몰아냈다. 차가운 음료를 못 찾을 걱정은 접어둬도 됐다. 《동경몽화록》에 보면 차가운 음료를 파는 노점은 '골목 입구, 다리, 저자'에서 흔히 볼 수 있었다.

《무림구사》,《몽량록》,《서호노인번승록西湖老人繁勝錄》에 송나라 때 즐겨 마신 찬 음료들에 대한 기록을 찾아볼 수 있는데 설포두아수雪泡豆兒水, 녹리장鹿梨漿, 노매수鹵梅水, 강밀수薑蜜水, 목과즙木瓜汁, 침향수沉香水, 여지고수荔枝膏水 등 30여 가지가 있었다. 다만 안타깝게도 이러한 음료들을 만드는 방법은 대부분 전해지지 않아 그저 송나라인들이 여름에 더위를 가시게 할 얼음을 채운 각종 음료를 상당히 즐겨 마셨다는 사실만 확인할 수 있을 뿐이다.

처음에 얼음이 들어간 음식은 황족과 귀족, 대신들만 먹을 수 있었다. 송나라 때는 더위를 가시게 하고 체온을 낮추는 차가운 음식을 연구해 만드는 '빙정무冰井務'라는 곳이 있었다. 매년 여름철만 되면 조정에서는 매일 대신들에게 차가운 음식을 하사해 더위를 물리치게 했다. 송나라인 여원명呂原明의 《세시잡기歲時雜記》에 보면 이런 내용이 있다. '처음에는 복날부터 매일 황제를 가까이서 모시는 신하에게 얼음을 하사했는데 한 사람에게 네 상자씩 여섯 번 하사했다.' 훗날 얼음을 저장하는 기술이 날로 발달하면서 얼음을 넣은 음식은 민간으로도 전해지기 시작했다.

그러나 냉음료는 여전히 몹시 비싸고 사치스러운 음식이었다. 《동경몽화록》에 보면 냉음료를 파는 가장 인기 있는 가게 두 곳에 대한 기록이 있는데 송문宋門 밖에 있는 두 가게는 모두 은그릇에 음료를 담아줬다고 했다. 이것만 보아도 냉음료가 얼마나 귀한 것이었는지 알 수 있다.

배달 음식

《동경몽화록》 서문에서 유란거사幽蘭居士 맹원로는 동경 변량의 번화한 모습을 이렇게 묘사했다. '사해의 진기한 것들이 모두 시장으로 모여 거래된다. 천하의 다양한 맛이 모두 부엌에 있구나.'

〈청명상하도〉를 펼쳐보면 주루, 음식점, 찻집 등이 한두 곳이 아니다. 음식을 파는 가게임을 알아볼 수 있는 것만도 40여 곳에 이른다. 변경에서 황궁으로 향하는 길 양편, 황궁 궐문 밖, 심지어 출입이 금지된 궁궐 뜰에서도 음식점을 찾아볼 수 있었고 '사람들로 북적이는 곳마다 찻집, 술집, 밥집이 있었다.'

음식의 종류도 무척 다양했다. 이른 새벽에 여는 조점早點부터 '삼경까지 열리는' 야시夜市까지, 송나라 사람들은 거리 곳곳에서 음식 파는 곳을 볼 수 있다. 이뿐만 아니라 어떤 주점에서는 야식까지 제공했다. '불을 밝히고 팔았는데 한 끼에 20문文에 불과했으며 죽, 간식을 팔았다. 또 세면수洗面水, 전점탕차약煎占湯茶藥을 날이 밝을 때까지 팔았다.'

요식업이 발달하자 사람들의 생활습관까지 바뀌었다. '당시 형편이 괜찮았던 사람들은 모두 음식을 집에서 해먹지 않고 음식점에서 사먹었다.' 집에서 밥을 해먹지 않고 음식점에 가서 식사를 해결하는 사람들이 많았다는 말이다. 심지어 음식점에 가는 수고조차 귀찮아 '부르면 언제라도 달려가는' 음식 배달 서비스를 이용했다. 간편하게 주문을 하고 집에서 기다리고 있으면 배달원이 음식을 가져다주니, 이보다 더 편할 수가 없었다.

황궁에서도 '배달' 서비스를 이용했다. 송효종은 배달시켜 먹는 야식을 무척 좋아했을 뿐만 아니라 팁도 두둑하게 챙겨줬다. 융흥隆興 연간의 어느 날 밤, 송효종은 호위들과 함께 관등놀이를 나섰다. 궁으로 돌아온 뒤에도 여전히 흥이 가시지 않고 민간의 야식이 자꾸만 생각나 '이파파어갱李婆婆魚羹', '남와장가원자南瓦張家圓子'의 야식을 배달시키라고 명했다. 음식을 맛본 효종은 매우 좋아하며 음식을 가져온 배달원에게도 심부름 값을 톡톡히 주었는데 '1관貫을 판 사람에게 2관을 주었다.'

• 융흥(隆興) : 1163-1164년. 남송 효종(孝宗)이 즉위해서 사용한 첫 번째 연호이다.

면

음식의 종류가 그다지 많지 않을 때, 면을 가리키는 말은 참 두루뭉술했다. 한때 모든 면 요리는 '병餠'이라고 불렸다. 예를 들어 소가없는 찐빵의 다른 이름으로 '증병蒸餠', 탕면은 '탕병湯餠' 등으로 불렸다. 그러던 것이 송나라 때에 이르러 점점 개별적인 이름이 생겨나면서 '탕병'도 '면'이라는 새 이름을 얻었다.

송나라 때는 면 요리가 개성적으로 발전했다. 밀방망이로 얇게 밀어서 썬 면, 꾹 누른 박탁餺飥, 쭉 잡아당긴 수활면水滑麵, 그리고 당겨서 만든 삭면索麵까지 종류가 다양했다. 삭면의 비스듬히 자른 면은 둥근데 두꺼운 것도 있고 얇은 것도 있다. 이 중 가는 삭면은 오늘날의 라면과 같다고 볼 수 있고 두꺼운 삭면은 라면보다 좀 더 두꺼운 라티아오拉條와 같다.

면을 만드는 법은 매우 많고 조리 방법도 각양각색으로 끓는 물에 삶고, 물 없이 비비고, 기름에 튀기고, 볶는 등 한두 가지가 아니다.

송나라인 마영경馬永卿은 《라진자懶眞子》에서 이렇게 말했다. '생일을 맞이한 사람은 반드시 탕병을 먹었는데 이를 장수하는 면이라고 했다.' 그 당시 사람들은 이미 면발에 오래 살고 싶은 염원을 담았고, 이후 점차 생일날에는 반드시 장수면을 먹는 풍습이 생겨났다.

음식도 수준 높고 세련되게 먹으려 한 송나라인은 흔히 볼 수 있는 식재료인 '면'도 대충 먹지 않았다. '하얀 밀가루 10분分을 반죽해 작은 덩어리로 만든 다음, 1근을 10여 덩이로 나눠 물에 담갔다가 충분히 발효되면 하나씩 잡아당겨 끓는 물에 넣고 삶는다.'

수활면에는 '다진 참깨, 다진 아몬드, 염장 말린 죽순, 월과 장아찌, 술지게미 가지, 생강, 절인 부추, 오이채, 기름에 지진 고기' 등 갖가지 고명을 넣었는데 넣는 재료가 굉장히 많아 그 어떤 요리에도 뒤지지 않았다.

• 수활면(水滑麵) : 오늘날의 회면(燴麵)을 말함.

후기 後記

　지금 와서 생각해보면 고양이를 기르다가 어느 순간 고양이를 그리기까지 일어난 많은 일이 다 우주가 도와줘서 일어난 우연한 인연인 듯도 하고 물 흐르듯 자연스럽게 이루어진 필연인 듯도 하다. 아무튼 그런 고로 이《송나라에 간 고양이》가 세상의 빛을 보게 되었다.

　내가 생각하는 송나라는 자유로운 시대였다. 저잣거리의 축제부터 사랑을 속삭이라 부추기는 꽃그늘 앞과 달빛 아래까지, 거리의 상박에서 남자가 꽃을 꽂는 풍습까지. 비록 나 자신의 환상과 흐뭇한 기대가 내포되어 있기는 하지만 울고 싶으면 울고 웃고 싶으면 또 마음껏 웃고 배가 터지도록 먹고 꿈도 꾸지 않고 푹 자는 자유로운 생활은 확실히 송나라에서 볼 수 있는 풍경이었다. 그래서 편집자가 나를 찾아와《송나라에 간 고양이》의 삽화를 그려보지 않겠냐고 물었을 때, 나는 일말의 망설임도 없이 기쁘게 수락했다. 그 당시 내 머릿속에는 그저 내게 특별한 의미가 있는 야옹이들을 내가 좋아하는 시대에 마음껏 그려 넣어야겠다는 생각밖에 없었다.

　《송나라에 간 고양이》에서 그린 수많은 야옹이들은 최근 몇 년 동안 친구들과 함께 구조한 유기묘와 길고양이들로 내가 구해준 애들도 있고 친구가 보내준 애들도 있다. 황당하게도 집에서 기르는 애완견이 주워온 애도 있었다. 고양이들에게 좋은 이름을 지어준 순간부터 고양이와 나 사이에는 진정한 연결고리가 생겼다. 구조해서 집으로 데려와 길러준 시간까지 포함해봐야 같이 지낸 시간이 한 주밖에 되지 않는 애들에게도 말로 표현할 수 없는 미묘한 감정이 생겼는데, 각고의 노력 끝에 겨우 구해낸 고양이들이라면 두말할 필요가 없었다.

　이 책의 삽화를 그리면서 나는 이 아이들을 자세히 그릴 수 있는 기회를 갖게 되었다. 예전에 찍어뒀던 사진과 기억 속에서 고양이들의 특징적인 모습을 찾아내고 마지막으로 그 아이들의 영혼을 담아 시간을 거슬러 송나라로 가서 남다른 '묘생猫生'을 살도록 했으니 내 작은 소원은 이룬 셈이었다. 이제 그 고양이들은 다들 새 가정으로 입양돼 새로운 삶을 시작했다. 이 책을 읽을 여러분도 나와 같이 충만한 행복을 느낄 수 있기를 바란다.

　그림의 구성에 관해 말하자면 각종 옛 그림과 문헌 등 여러 자료를 열심히 조사해서 참고해 최대한 송나라 때의 모습을 보여주려고 노력했다. 그러나 역사는 넓고도 심오하니 내가 아무리 최선을 다했다고 하더라도 그림 속에 당시와 맞지 않은 부분이 있을 수도 있다. 그러니 고증을 사랑하는 분들의 깊은 양해를 부탁드린다.

　나와 함께 고민해주고 내가 방향을 잡지 못해 헤맬 때 바른 길로 인도해준 편집자에게 고맙다는 인사를 전하고, 생활하는 데나 여러 면에서 전폭적인 지지를 아끼지 않은 나의 얼바이二白와 페이비菲比, 무조건적으로 관련 지식을 제공해준 따즈大志, 그 외에 내 곁에 있는 많은 사람에게 감사하며, 특히나 이 책을 구입해준 독자 여러분에게 감사의 인사를 드린다. 여기에는 진심으로 수많은 사람들의 노고와 사랑이 담겨있다! 그토록 많은 기연 속에서 이 책을 그린 것은 진정 행운이었다. 마지막으로 세상의 모든 고양이들이 다시는 길거리를 헤매지 않기를 바라며 모두가 평등하고 평화로운 세상에서 살 수 있기를 바란다!

2018년 6월 베이징에서
쑤즈러우 蘇徵楼